KB076799

대한민국 희망수업 3교시

난, 너의
바람이고
싶어!

2016년 7월 18일 제1판 제1쇄 발행
2016년 12월 5일 제1판 제2쇄 발행

지은이   강병철 외
펴낸이   강봉구

편집   김윤철
디자인   비단길
인쇄제본   (주)아이엠피

펴낸곳   작은숲출판사
등록번호   제406−2013−0000801호
주소   10880 경기도 파주시 신촌로 21−30(신촌동)
전화   070−4067−8560
팩스   0505−499−8560
홈페이지   http://www.작은숲.net
페이스북   http://www.facebook.com/littlef2010
이메일   littlef2010@daum.net

©강병철, 강봉구, 강영진, 고병찬, 권혁소, 김수열, 박명순, 박선희, 신현수, 이수언, 정지영,
차정선, 최영미, 최영신, 한상준

ISBN 978−89−97581−15−3   43040
값은 뒤표지에 있습니다.

작은숲
작은학교

대한민국 희망수업 3교시

난, 너의 바람이고 싶어!

강병철, 강봉구, 강영진, 고병찬, 권혁소, 김수열, 박명순, 박선희
신현수, 이수언, 정지영, 차정선, 최영미, 최영신, 한상준 지음

첫 수업에 들려주고 싶은 친구이야기

작은숲

머리말

스승의 울타리는 밧줄 같아서

열다섯 스승들의 글을 내보입니다.

왕성하게 집필 활동 중인 작가 선생님도 있고 젊은 날 문청의 기억을 벽장 속에 잠갔다가 기지개 켜고 나온 늦깎이 선생님도 등장합니다. 존경받던 스승이나 명망가의 사연도 있지만 대부분 그냥 피붙이, 정붙이의 장삼이사 이야기가 주를 이룹니다. 그러니까 빛나는 담론보다는 소소한 일상들을 진하게 그려 주는 풍경들이지요. '쇠똥구리가 굴리는 구슬 똥과 용이 물고 날아다니는 여의주의 무게'를 대등하게 가늠하던 연암 박지원의 문장이 떠오릅니다.

책의 주제는 '선생님의 친구'로 정했습니다. 참교육의 길을 열어 주신 스승과 제자들, 가족과 옛 친구 그리고 먼저 하늘로 떠난 망자나 반려견, 고향 산천과 아스라한 유년의 스크린까지 망라하였습니다.

6개월 남짓 편집에 매달리다가 손바닥 냄새에 취하기도 했답니다. 오래된 풍경들이 새로운 표정으로 어깨를 감싸 안았고 초면의 등장인물들이 가까운 벗처럼 옆구리를 찔렀습니다. 액자 속 누이가 민들레 홀씨 터뜨려서 행복했던 날, '날줄 씨줄 인생'이란 관용구가 문득 구체성의 문장으로 변신했습니다. 그들의 느티나무 그늘 아래서 푹신 잠들다 보니 부은 발등들이 뽀송뽀송 나았답니다.

먼저, 30여 년 교단 생활을 마감하고 새내기 사회인으로 입문한 김수열 선생님의 글과 마지막 학급 문집『공부하기 싫은 날』이 더 많은 독자들에게 숙독되길 기대합니다. 동시에 신현수 선생님이 되살려 준 故 장재인 선생님이나 한상준 선생님의 故박배엽 시인 들을 떠올리면서 잊었던 망자들이 '마른 잎 다시 살아나'라는 악보로 다시 살아났음도 고

백합니다. 그들 모두 70~80년대의 최루탄 시국을 헤치고 해직의 질
곡을 거치며 교단을 지켰던 초로의 스승들입니다.

　장년의 최영미, 권혁소 선생님이나 중년의 고병찬 선생님 역시 긴 세
월 참교육과 민족 문학의 도정을 짊어지셨던 스승들입니다. 최 선생님
은 삶의 벗으로 함께 가는 수십 년 전의 옛 제자를 활자로 불러내셨고,
권 선생님은 텃밭에서 만난 윤병렬·이정희 부부를, 고 선생님은 롤모
델 상진이 형을 그리기 위해 유년의 풍경들을 뻘기 뽑듯 그려 내셨습니
다. 강원도 골짜기나 충청도 비탈길에도 한결같이 눈보라 헤치던 유년
의 저력들이 싸-하게 스며들었습니다. 또 있습니다. 착한 악동 수성이
와 개똥수박을 합체시킨 차정선 선생님의 천태리 분교에서도 제자들의
순정이 도깨비풀처럼 떨어지질 않습니다.

　정지영 선생님의 할머니 사연은 '여자의 일생' 순애보처럼 진한 전형

입니다. 유년 시절부터 청년 시절 그리고 교직 이후의 동행들을 '눈물
겹다'는 표현으로 정리하는 게 송구스러울 따름입니다. 강영진 선생님
은 반세기의 시대적 배경으로 '어머니 → 여동생 → 딸'을 3대에 걸쳐 그
려 냈으니 독자들은 필자가 전혀 의도하지 않았던 감동으로 잠을 이룰
수 없습니다.

　절망의 벽에서 평생지기 친구를 숙명처럼 만난 최영신 선생님, 갑작
스런 장애를 입은 동생과의 어깨동무를 담은 박명순 선생님의 사연 역
시 응달 속에서 피어나는 새순처럼 감동스럽습니다. 그런 의미에서 이
제는 미루나무처럼 쭉쭉 뻗은 청춘이 되었을 이수언 선생님의 제자 민
철이도 평생을 함께할 동반자입니다. 특히 박선희 선생님은 10여 년 간
함께 산 반려견 '마루'를 동행의 등장인물로 선보여서 소재의 폭을 넓혀
주셨습니다.

　그래요.

　잡은 밧줄이 손바닥 사이로 빠져나가는 걸 빤히 바라보며 어, 어, 놓치기도 했고 때로는 산산조각 깨어진 스크린을 하염없이 보듬으며 숨을 불어넣기도 했습니다. 그리고 더러는 아주 우연히 만난 밧줄을 쥐며 평생을 품기도 하고 느닷없이 등허리 뒤로 터지는 수맥 같은 동반자를 만나 아, 하며 안도했음도 밝힙니다.

　그렇습니다. 우리들은 칠판을 통해서 글을 소통하는 울타리 식구들입니다. 그 밧줄 너머로 쏟아지는 햇살들이 높은 산을 기어가게 하고 거친 물살을 헤엄치게 합니다. 그리고 수십 성상 강단에 설 때와 글을 쓸 때가 가장 행복했음을 부끄럽게 고백합니다. 초록빛 보자기 너머로 밤꽃 냄새 물씬 풍기는 초여름입니다.

2016년 6월 신새벽

강병철 드림

차례

시인이 되지 못한
아이들

김수열

김수열

제주에서 나고 자랐다. 지난 1월 폭설로 하늘길과 바닷길이 모두 막혔을 때 섬에 산다는 걸 절절하게 느꼈다. 시집 『빙의』 외 다섯 권, 산문집 『섯마바람 부는 날이면』 등을 출간했으며 해직 교사를 거쳐 30년 이상 근무했던 학교를 그만둔 지 만 1년이 되었다. 매주 월요일은 올레길을 걷고 일주일에 한 번은 오름을 가자는 계획을 모질게 세웠는데 뜻대로 되지 않는다.

할 만큼 했으니 이젠 쉬어야겠다는 생각으로 그만뒀는데 세상 돌아가는 일이 또한 뜻대로 되지 않는다. 바쁘다는 핑계로 적당히 사양을 하면 백수가 뭐가 그리 바쁘냐며 핀잔만 듣고는 이내 수락하고 만다. 백수가 과로사 한다는 말, 절대 틀린 말 아니다.

제주 작가회의를 맡아 2년 동안 회장을 했는데 잘할 때까지 더 하라 한다. 앞이 캄캄하다. 그 외에 이런저런 회의에 참여하고 강연을 다니고 심사비를 받으면서 비자금을 만들어 술값을 충당하고 있다. 쏠쏠하다.

1.

　두고 온 것들은 늘 그리워지는 것인가? 그네들에게도 나를 향한 그리움이 대추씨만큼이라도 남아 있는 것일까? 확인할 길이 없으니 좋게 생각하자. 그네들도 어디선가 가끔씩은, 국어 시간이거나 특히 시를 공부할 때 나를 생각하고 있을 거라 믿자. 그래야지만 이 글을 마무리할 수 있을 것 같으니까.

　학교를 그만둔 지 일 년이 지나간다. 집에서 해야 할 특별한 일이 없으면 아침에 출근하듯 집을 나선다. 사려니 숲을 걷거나 가까

시인이 되지 못한 아이들

운 도서관으로 간다. 게을러지기 않기 위해서다. 숲의 아침은 또 다른 학교다. 30년 넘게 아이들을 가르치러 학교에 갔는데 이제는 배우기 위해 숲에 든다. 평일 아침이라 그런지 배우러 오는 학생이 많지 않다. 어떤 때는 혼자일 때도 있다. 길을 걷다가 나무 의자에 앉는다. 산새들도 부지런히 나를 가르치고 나뭇가지에 걸린 바람도 나에게는 훌륭한 스승이다. 꼭 어디까지 가야겠다는 다짐도 없다. 오늘은 여기까지, 하면 그날 수업은 끝이 난다. 수업이 끝나고 나오는 길에 가끔은 숲에 드는 사람들을 본다. 그들도 숲 학교의 학생들이리라. 우리는 가볍게 인사를 하고 지나친다.

2.

3년 전이었나? 내가 근무하던 그 학교는 제주 시내에서 멀지 않은 곳에 위치한 자그마한 중학교다. 전교생이 161명이었고 7학급이 전부다. 그 학교에서 근무한 지 3년째 되던 해, 내년이면 이 학교를 떠나야 하는데 마지막으로 아이들에게 좋은 선물을 남기고 싶었다. 열 손가락 깨물어 안 아픈 손가락이 어디 있으랴만 이 아이들은 참 착하다. 착한 건지 숫기가 없는 건지 모호하지만 아무튼 착한 아이들이었다. 동료 국어 교사와 시 쓰기 프로젝트를 기획했다. 이런저런 불필요한 수행 평가를 확 줄이고 1년 동안 시 한 편을 제출하는 것으로 말이다. 전교생이 제출하면 161편이 되니, 학교 교지를 제작할 비용으로 아이들에게 자신이 쓴 시가 들어 있는 시집을 선물하자는 내용이었다. 출판사도 나중에 섭외를 하되 유가지로 만들어 인터넷이나 서점에서 구입할 수 있도록 만들어 보자는 당찬 계획을 세웠다.

"선생님, 그럼 우리가 시인이 되는 거예요?"
"선생님, 우리 시가 국어책에도 나와요?"

학년 초 수업 시간에 시 쓰기 계획을 설명하자 아이들로부터 벌 떼같이 되돌아온 질문들이다. 물론 아니다. 시 한 편 썼다고 시인이 되는 것도 아니고 교과서에 실리는 것은 더욱 아니다. 이럴 땐 거짓말도 약이 될 수 있다. "얼마든지 시인이 될 수 있다. 잘만 쓰면 교과서에도 나올 수 있다."라고 심하게 뻥을 치고는 아이들에게 언제든 좋으니 시를 쓰면 교무실로 가져오라고 했다. 만약 선생님이 읽어 봐서 아니다 싶으면 다시 써 보라고 할 테니 통과할 때까지 써 보자고 다짐은 했지만 걱정이 한둘이 아니었다. 생각해 보라. 큰 학교든 작은 학교든 뛰어난 아이가 있는가 하면 한글 해독도 제대로 안 되는 아이들이 있고, 한글을 잘 모르는 다문화 가정

시인이 되지 못한 아이들

의 아이들도 있다. '읽고 쓰기도 힘든 판에 무슨 시를 쓴단 말인가.' 하는 생각이 없었던 것은 아니지만 그런 아이들에 대해서는 반 학생끼리 서로 도와주되 절대 대신 써 주어서는 안 된다는 단단한 약속을 받고는 이른바 '전교생 시집 만들기 프로젝트'에 돌입했다.

시를 들고 오는 학생이 전무했으니 말이 도입이지 1학기 동안은 개점휴업 상태였다. 여름 방학이 지나고 2학기에 접어들면서 조금씩 변화가 찾아왔다. 시를 들고 오는 학생이 생긴 것이다. 써 온 시를 소리 내어 직접 읽어 보라고 했다. 큰 소리로 읽지 않아도 좋으니 내 귀에 들릴 정도로 읽어 보라고 했다. 다 읽으면 학생에게 되물었다. "넌 네 시가 마음에 드니?", "예." 하고 대답하면 어디가 마음에 드냐고 물었다. "아니오."라고 대답하면 그럼 다시 한 번 써 보라고 했다. 고분고분 말을 듣는 학생이 있는가 하면 삐친 얼굴로 교무실을 나가는 아이들도 있었다.

처음으로 시를 썼다
검사를 받으러 갔다
선생님이 더 생각해 보라고 했다

다시 시를 썼다
주변을 둘러보며 시를 썼다

난, 너의 바람이고 싶어

이번엔 내 마음에 들지 않았다

또다시 시를 썼다
내 생각엔 괜찮은 시였다
그런데 내 시와 비슷한 시가 있단다

다시 시를 쓴다
이번엔 빠꾸 안 당하겠지?

　　　　-「빠꾸」(고ㅇㅇ/중2)

　이 시를 통과시키면서 나는 이 학생이 조금이라도 시와 친해지
기를 바랐다. 이런 것도 시가 된다는 것을 말해 주고 싶었다. 일부
어른들의 시처럼 시가 높고 외롭고 아득한 곳에 있는 것이 아니라
내 주변에 혹은 내 호주머니 안에 있다는 것을 말해 주고 싶었다.
　2학기 중간고사가 끝나고 시를 들고 오는 아이들이 많아졌다.
수행 평가에 반영해야 하기 때문이다. "선생님 앞에서 꼭 읽어야
해요?" 하고 간절하게 물어 오는 아이들도 있었다. 내 나름의 해괴
한 평가 방법일지 모르겠으나 나는 시를 눈으로 보지 않고 귀로 들
어야 시가 가지고 있는 맛을 느낄 수 있다고 믿는다. 더군다나 자
라나는 학생들의 시는 더욱 그렇다. 두어 번 들어 보고 어떤 느낌

시인이 되지 못한 아이들

이 오지 않으면 미안하지만 다시 써 보라고 했다. 그러다 보니 자기가 쓴 시를 읽다가 눈시울을 붉힌 아이도 생겨났다.

나는 찍는다
바코드를 찍는다

나는 닦는다
바닥을 닦는다

나는 옮긴다
상자를 옮긴다

나는 말한다
"반갑습니다. CU입니다."

나는 눕는다
앓아 눕는다

그렇다
나는 알바생이다

  통과를 시키고 담임 선생님께 물어보니 어려운 가정의 아이였
다. 일 년 가까이 수업을 하면서 전혀 눈치를 채지 못한 내가 부끄
러웠다. 옆 선생님이 듣지 못할 작은 소리로 시를 낭송한 그 아이
에게 됐으니 두고 가라는 말만 남긴 내가 참 야속했다. 그 흔한 힘
내라는 말을 왜 하지 못했을까?

  어디 그뿐인가. 3학년에 다니는 형은 학교에서 일등을 하는 모
범생인데 2학년에 다니는 그 아이는 공부보다는 축구에 관심이 많
다. 준비물을 빠뜨리고 오는 일이 다반사고 수업 시간에도 집중하
지 못해 꾸지람을 듣는 경우가 허다한 아이였다. 그 아이의 인생은
어떠한가?

  나의 꿈은 관심 없음
  형의 꿈은 과학자

  나는 지금 게임 중
  형은 지금 열공 중

  5년 뒤 나는 지금 삽질 중

5년 뒤 형은 지금 연구 중

10년 뒤 나는 아직도 삽질 중
10년 뒤 형은 벌써 애가 둘
- 「인생」 (고00 / 중2)

그 아이와 헤어진 지 3년이 지났다. 내 계산대로라면 그 아이는 고2이고 그 형은 고3이다. 그 형은 그가 선택한 진로대로 과학고에 입학한 건 알고 있는데 정작 그 아이에 대해서는 아는 바가 없다. 지금도 자신의 꿈에 관심이 없는지, 지금도 게임 중인지 모르겠다. 그러나 나는 믿는다. 그 아이가 지금 게임을 하든 어디서 삽질을 하고 있든 신엄 바다에 널려 있는 먹돌처럼 야무지게 살아갈 거라고 말이다. 그렇지 않고서야 이렇게 당당하게 자신의 인생을 고백할 리가 없다.

한 아이가 있었다. 남부럽지 않은 가정에서 티 없이 자란 그런 아이다. 매사에 긍정적이고 친구들과의 관계도 그렇고 선생님들과도 허물없이 지내는 그런 아이다. 한 가지 흠이 있다면 공부에 큰 욕심이 없다는 점이다. 다시 말해 성적은 그저 그렇다는 얘기다. 또래 아이들이 입에 달고 살다시피 하는 상스러운 말투도 좀처

난, 너의 바람이고 싶어

럼 하지 않는 그런 아이다. 그 아이가 시를 가져와서는 낮은 목소
리로 조심조심 시를 읽는다.

나는 파랑새입니다
나는 예로부터
행복을 가져오는 파랑새입니다

나는 파랑새입니다
새장에 갇혀 살고
사람이 주는 먹이를 먹습니다

나는 파랑새입니다
사람들에게는 행복일지 몰라도
나에게는 불행입니다

내 행복은 어디에 있을까요?
- 「파랑새」 (채OO / 중3)

남들에게는 내가 행복일지 모르겠지만 나는 지금 새장에 갇혀
있고 불행하다고 말한다. 대체 내 행복은 어디에 있냐고 묻고 있

지금쯤 그때 그 아이들은 저마다의 교실에서

힘겨운 하루를 견디고 있을 것이다.

바람이 있다면 숲길에 늘어선 저 나무들처럼

한 계절을 온몸으로 이겨 내고 있는 저 새들처럼

그들도 저 푸른 하늘로 비상했으면 한다.

다. 수업 시간에 늘 웃는 모습을 하던 그 아이도 이렇게 힘들어 하고 있다는 사실에 가슴이 내려앉는다. '내가 아이들을 몰라도 한참 몰랐구나.' 하는 자책이 앞선다. 정작 나는 불행한데 내가 웃어야 집안도 행복하고 선생님도 좋아할 거라는 걸 일찍 알아 버린 아이들이다. "내 행복이 어디에 있느냐?"고 묻지만 나는 선뜻 답을 할 수가 없다.

3년이 지났다. 그 아이가 보고 싶다. 지금도 불행한 파랑새냐고, 지금도 행복이 어디에 있는지 찾고 있느냐고 조심스럽게 묻고 싶은데 용기가 나질 않는다.

우여곡절 끝에 161명의 원고가 모였고『공부하기 싫은 날』이라는 제목의 예쁜 시집이 세상에 나왔다. 졸업식을 하루 앞두고 전교생이 모여 조촐한 출판기념회도 가졌다. 시집을 받은 아이들의 표정은 상상에 맡긴다. 한 가지 말해 둘 게 있다. 원고가 전부 모아지면 선생님이 쓴 시도 한 편 넣기로 약속했는데 결국 넣지 않았다. 아무리 생각해도 옥에 티가 될 것 같았기 때문이다. 이 지면을 통해 그 옥에 티를 소개한다.

어제를
빨아

시인이 되지 못한 아이들

오늘
넌다

내일은
마를까?
- 「빨래」(김수열)

3.

오늘도 출근 시간에 집에서 나와 숲길을 걷는다. 아무도 없어 고요한 아침이다. 바람을 품은 나무들이 한꺼번에 와르르 와르르 흔들어 댄다. 새들이 한꺼번에 하늘로 날아오른다. 지금쯤 그때 그 아이들은 저마다의 교실에서 힘겨운 하루를 건디고 있을 것이다. 바람이 있다면 숲길에 늘어선 저 나무들처럼 한 계절을 온몸으로 이겨 내고 있는 저 새들처럼 그들도 저 푸른 하늘로 비상했으면 한다. 틀림없이 그럴 수 있으리라 믿고 싶다.

그리운 것들은 늘 곁에 없는 법이다.

벗과 함께 오늘도
길을 걷습니다

한상준

한상준

섬마을 선생이 되고자 섬 생활을 미리 익히려 섬 학교에서 교생 실습하다. 교사로 임용되었으나 진짜 먼 섬 아닌 연륙된 섬 학교로 발령받다. 그해, '광주 오월'에 동참하지 못한 부끄러움으로 교사이면서 장발을 고집하던 머리, 박박 밀다. 가톨릭 농민회, Y-교사회, '5·10 교육민주화 선언' 참여, 전교조 전남지부 강진지회 지회장으로 활동하다 해직된 뒤 교육위원, 교육연구사, 교감, 교장을 거쳐, 평교사로 발령받아 아이들을 가르치다. 이후, 『다시, 학교를 디자인하다』(2013년, 작은숲)라는 교육 산문집을 낸 연유의 필화로 하여 전남 순천의 어느 사립 고교에 다시 교장으로 초빙되어 어쨌거나 아이들을 만나고 있지만, 이제 '교사로서의 나의 시대'는 갔다는 인식을 느껍게 가지며 힘겨워 하고 있다. 내가 학교에 있는 동안이라도 부디, 내가 만나는 아이들이 행복했으면 하는 바람을 그나마 놓고 싶지 않아 오늘도 동료들과 어깨 걸머지고 머리 맞대며 술을 마시고 밥을 먹고 있다.

그는 헐렁하면서도
주머니가 여럿인 바지를 즐겨 입곤 하였는데

　　내 작은 서재에 벗, 박배엽과 찍은 빛바랜 사진이 놓여 있습니다. 교사로 첫 발령받은 학교 앞마을의 어느 집 돌담에 기대어 20대 중반의 나이에 찍은 사진입니다. 벌써 36년 전입니다. 사진 속 벗과 나는 누가 뭐라 할지라도 참 밝고, 싱그럽습니다. 그런 벗이 이 세상을 떠난 지 올해로 12년 됐습니다.

　　함께 보고, 듣고, 느끼고 혹은 갑론을박 싸우고, 때로는 미워 만나고 싶지 않다가도 불현듯 보고 싶어 벗에게 달려가기도 하면서

벗과 함께 오늘도 길을 걷습니다

세상을 더불어 살아가는 걸 얼추 동행이라 한다면, 그는 여전히 나와 삶의 길을 같이 걷고 있는 벗입니다.

벗이 몹시 아파하던 시절에 내가 그에게 바친 헌사를 들춰내 나의 벗을 이 글 속으로 끌어들이렵니다. 벗의 쾌유를 위해 쓴 단편 소설 속에 드러난 나의 벗, 배엽을 그나마 적나라하게 드러낸 아래의 대목을 혹여, 이 글을 읽을 어린 벗들에게 소개하고 싶어섭니다.

······그는 헐렁하면서도 주머니가 여럿인 바지를 즐겨 입곤 하였는데, 오늘도 그는 매우 평퍼짐한 흔히, 몸빼라고 하는 여자들의 통바지 비슷한 걸 입고는 하릴없는 듯 주머니에 손을 넣고 무망한 걸음새로 앞서 가고 있다. 나는 울퉁불퉁한 굴참나무 껍질을 만지작거리다, 저만치 앞서 걷고 있는 그의 뒷모습을 건네 보면서 퍼뜩, 그 옛날 스무 살을 두엇 더 넘긴 시절, 그러니까 그와 내가 알게 된 이후 얼마 되지 않아서 위봉사를 지나 동상면 대야리 저수지로 나오는 꽤 긴 산책을 나섰을 때의, 오늘처럼 주머니가 여럿 달린 바지를 헐렁하게 꿰입고는 어깨에 잔뜩 무거운 고뇌를 짊어진 듯 걷던 이십사오 년 전 그의 모습이 아련한 슬픔으로 떠오르는 걸, 나는 놓치지 않고 품에 안았다.

들녘으로는 햇볕 또한 따사로와 벼 이삭이 영글어 가는 무렵

난, 너의 바람이고 싶어

이었다. 아침나절 소양에서부터 시작한 평상의 걸음으로 위봉사를 지나 저수지 상단의 지경에 이르렀을 무렵에는 이미 점심 때가 훨씬 지나 버렸고, 그와 나는 몹시 배가 고팠다. 허나, 어디에서도 먹을 걸 구하기가 어려웠으며 돈이 있음에도, 쓸모가 없었다. 민가도 보이질 않았고 남새를 심어 놓은 채전도, 먹을 만한 열매를 달고 있는 나무 한 그루마저도 가까이에서는 보이지 않는 적막의 길이었다. 가을 햇살이 따갑게 이마를 달굴 뿐이었다. 그와 나는 흐르는 계곡물을 마시기도 하고 나무 아래 그늘에서 담소도 별반 나누지 않은 채, 이렇게 산책을 하자며 의기투합했던 게 꼭이 아름다운 합의였을까에 대해 새삼 의문시하면서 아울러 여기도 내 땅이구나, 하는 조국 산하를 두 발로 걸어 뜨겁게 만나기 위한 구실로 다시금 이런 판을 벌이는 건 치기적 태도일 뿐이라는 토라진 심중을 무언으로 확인하면서 쉬고 있는데, 70살 가차이 되어 보이는 노인이 그 길을 밟아 오는 동안 눈에 보이지 않던 단감을 따서 지게에 얹고 지나다 그와 내가 쉬고 있는 그늘에 지게를 세워 놓지 않는가. 그와 나는 드디어 먹을 걸 만나게 되었다. 나는 노인에게 잔뜩 허기에 지친 퀭한 눈길을 건네며 단감 몇 개 먹었으면 좋겠다고 하였고, 노인은 흔쾌히 그와 나의 앞에 먹음직스런 단감을 적지 않이 쏟아 놓는 것이었다. 그러자 그가 얼마냐며 막 돈을 건네려는데, 노인 왈, 젊은 사람들이 그러면 못써, 하지 않는가.

벗과 함께 오늘도 길을 걷습니다

그와 나는 참으로 배가 고팠지만 그런 노인의 앞에서 단감을 먹을 수가 없었다. 한 입에 콱 베어 먹으려던 단감을 내려 놓았다. 머뭇거리는 그와 나를 두고 노인이 됐네, 그려. 어서 먹소, 하며 지게를 짊어지고 땡볕 길을 휘적휘적 나서는 것이었다. 그와 나는 한참 만에야 무안함을 털고, 단감을 먹기 시작했다. 내가 두 개째 입에 넣으려는 참에, 나는 느닷없는 그의 울음을 듣게 되었다. 그가 펑펑 우는 게 아닌가. 자본에 찌든, 썩은 가슴이라며 얼굴을 무릎 사이에 묻고, 엉엉 우는 것이었다.

아닌 게 아니라, 그는 눈물이 많았다. 가령, 북덕유산의 9부 능선에서부터 정상인 향적봉에 이르기까지 군락을 이뤄 샛노란 물결이 출렁이듯 자지러지게 피어 있는 원추리꽃밭에서 위, 아래, 속옷까지 다 벗어 성기마저 드러내 놓은 채 흠씬 취하다 그만, 울어 버린다거나 혹은 장기수 선생들의 사상 투쟁에서의 비전향과 몇 십 년 동안 독방에 살면서도 몸의 균형을 유지하고 정신의 평형을 지켜 낸 그들의 전 생애를 담보한 전력과 그들이 부르는 노래를 배워 부르며 기어코 눈물을 쏟고 마는 그였다.

－『내일을 여는 작가』(2002년, 봄, 26호)
「오래된 잉태」 166~167쪽 중에서 －

젊은 날, 벗의 삶의 모습이 그대로 그려진 글입니다. 그는 친구

난, 너의 바람이고 싶어

들 가운데 꽤 부유한 집안의 자식이었습니다. 친구들과 어울려 술과 밥을 먹을 때면 으레 그가 계산하도록 내버려 두곤 했습니다. 나는 대학 2학년 때 벗이 사 주어서 처음으로 팥빙수를 맛볼 수 있었습니다. 그가 노인에게 단감 값을 주려 한 것도 마음에서 우러난 순진함이었습니다. 그는 부끄러움을 아는 친구였습니다. 친구의 울음은 사람 사이의 온정과 배려에 대해서마저 돈으로 환산하려 한 속좁음을 스스로 질타하는 값진 반성이었습니다.

혼자서 공부하여 라틴 어를 해석해 낼 만큼 되었으니

벗, 배엽은 폐암을 앓다 끝내 세상을 등지고 말았습니다. 그가 폐암을 앓고 있다는 걸 알게 된 건 병이 꽤 깊어진 뒤였습니다. 그는 서양 의학을 그다지 신뢰하지 않았습니다. 동양 의학이 인간의 몸을 제대로 인식하고 있으며 더불어 인류의 건강을 책임질 수 있다는 믿음을 그는 그 무렵, 지니고 있었습니다. 그런 이유로 폐암이 꽤 진행된 걸 초기에 알아채지 못했고 양방 진료를 어느 기간 동안 받지 않았으므로 아픈 증상이 폐암인지를 몰랐습니다. 폐암 말기 가까이에 이르러서야 병마의 위중함을 느꼈고,

35

벗과 함께 오늘도 길을 걷습니다

병원에서 폐암 진단을 받았습니다.

그를 모르는 이들은 "아우, 낡은 생각을 지녔었군."이라고 할지 모르겠습니다. 그는 결코 그런 인물이 아닙니다. 그는 벗들 사이에서 가장 많은 독서량과 풍부한 교양을 갖춘 사람이었습니다. 20대 초반에 클래식 LP 음반 수백 장을 보유하여 듣고 있었고, 명상 요가의 수준이 상당한 경지에 이르러 있었으며, 인류 문화의 한 원천이라고 여긴 라틴 문화를 알아야 한다며 혼자 공부하여 라틴 어를 해석해 낼 만큼 되었으니, 그는 지독히 현학적인 인물이기도 했습니다.

벗들 사이에서 오늘에도 널리 읊조려지는 전설적인 고사가 있습니다. 어느 해 여름날, 술 마신 뒤 끝에 전주천변 상류에 있는 한벽루라는 누각에서 담소를 나누게 되었습니다. 정담을 나누다, 우연히 그 누각에 걸린 한문 편액을 읽고 해석해 보자는 누군가의 제의가 불쑥 튀어나왔습니다. 당시, 친구들의 관계란 '이런 책을 읽었는데 혹은 이런 함성을 내질렀는데 이렇더라, 저렇더라.' 하는 이를테면, 주머니는 비었지만 머릿속은 꽉 차 있다는 편집증적 태도를 드러내곤 하던 시기였던지라, 그 제안에 친구들의 눈은 곧바로 한문 편액에 쏠렸습니다. 그 자리에는 국문과에 다니는 친구 또한 몇이 있었는데, 어느 누구도 그 편액을 제대로 읽고 해석해내질 못했습니다. 그가 "국문과에 다닌다는 놈들이 이러면 안 되지." 하

난, 너의 바람이고 싶어

며 질타를 했고, 우리들은 면목이 없어 괜히 그 제안을 한 친구를 째려보기도 하였을 것입니다. 배엽은 6개월여 뒤, 괄목상대한 모습을 친구들에게 보여 주었습니다. 그 편액을 제대로 읽고 해석해 내는 것이었습니다. 덧붙여 『논어』를 한문으로 공부하고 있다고 했습니다. '국문과'에 다니는 친구들로 하여금 부끄러움을 느끼도록 하는 벗이었지요. 벗은 서울대학교 철학과에서 공부하고자 몇 차례 응시했지만, 떨어졌습니다. 결국 대학 문을 들고나지 않았습니다.

우리는 곧바로 의기투합하여 이후 줄곧

벗, 배엽을 처음 만난 건 대학 1학년 어느 무렵, 같은 과에 다니는 동기생의 집안 유고로 학과생들이 문상하는 자리에서 우연하게 마주쳤습니다. 배엽은 유고를 겪고 있는 동기생의 고등학교 친구였습니다. 1970년대 중반, 우리들은 박정희 군사독재의 암울한 터널을 지나고 있었으므로 몇 잔의 술이 들어가고 나면 철권의 올가미에 얽매인 세상의 핍진함을 목울대 치켜세우며 토혈하곤 했습니다. 더불어 광장의 한 구석에서 문청 시절을 통

벗과 함께 오늘도 길을 걷습니다

과 의례처럼 맞닥뜨리고 있었기에 김수영과 신동엽을 술상에 올려놓은 채 '타는 목마름으로 민주주의'를 일갈하였던 터, 우리는 곧바로 의기투합하여 이후 줄곧 만나게 되었습니다.

배엽과 나는 사진에서 보듯 부조화의 외형을 지녔습니다. 벗은 수숫대처럼 키가 컸고 나는 보릿대처럼 작습니다. 서로 잘 어울리는 조화의 외형이 아니었지만, 우리는 일주일에 서너 번을 만났습니다. 그는 당시, 대학 입시 삼수를 하고 있었는데 입시가 그를 옭아매지는 않는 듯했습니다. 우리는 늘 술집에서 만나 밤 12시 통금을 지키지 못할 때면 여관에서 외박하곤 했습니다. 지금은 사라진 전주의 충남여관이었지요.

이듬해, 배엽을 처음 만난 계기를 준 동기생 친구가 군 입대를 한 뒤, 배엽과 나는 더욱 자주 만나게 됩니다. 당시, 나는 글을 쓰고자 하는 한편 고등학교 2학년 때부터 교사의 길을 걷고자 하는 생각을 키워 왔는데, 나는 '글이 잘 써지지 않으니, 교사나 되겠다.'고 표현하곤 했었습니다. 나의 대학 1, 2학년 시절은 문학에도 맹진하지 못했고 교사가 되기 위한 다짐마저 흔들리는 시기였습니다. 배엽은 그런 나를 아주 호되게 나무라곤 했습니다. 이것이 안 되니 저것이나 해 보겠다고 해서 되는 교사의 자리가 아니라는 통렬한 자각을 내게 건네곤 했습니다. 기회가 닿을 때마다 끊임없이 일관되게 문학을 이야기했고 또한 교사로서의 위의를 갖도록 나

난, 너의 바람이고 싶어

를 채근했습니다. 대학 2학년 때부터 4학년 1학기까지 김제 평야의 끝 지점에 있는 전북 김제군 금구면 소재의 고등공민학교(6~70년대 경제 개발 시기에 정규 중학교를 진학하기 어려운 형편에 놓인 아이들을 위해 세운, 검정고시를 준비하는 학교)에서 아이들을 가르치면서, 교사로서 가져야 할 덕목을 그나마 차곡차곡 쌓을 수 있었습니다.

아무려나, 대학 4학년 봄에 이르러 나는 섬마을 선생이 되겠다며 섬 학교에서 교생 실습을 하게 됩니다. 전북 부안군 위도면 소재의 위도 중학교에서였지요. 아이들이 교생이 어떤 존재인지 처음에는 몰라했습니다. 개교 이래 교생이 처음이었답니다.

그런 뒤, 1980년 교사로 발령을 받았습니다. 친구들 가운데 내가 제일 먼저 일터를 갖게 되었습니다. 당시, 나는 마치 소금에 절인 푸성귀 모양 풀이 죽은 듯 여겨지는, 태생지는 아니지만 어린 시절부터 살아온 전주가 싫어 전남으로, 남녘으로 가겠다고 했고 섬이 많은 전남에서 섬마을 선생으로 교사의 길을 걷고자 했습니다.

1979년 제 3회 대학가요제에서 입상한 김종률 작사, 작곡의 〈영랑과 강진〉이라는 노래 또한 남녘으로 내려가고자 하는 생각에 한몫 거들기도 했을 터입니다. 그 무렵, "남으로 남으로 내려가자." 하는 노랫말이 담고 있는 '남(남녘)'은 남해안에 가까운 아랫녘만을 의미하지 않았습니다. 황톳빛 억압의 땅으로 다가왔습니다. 질곡과 유배의 고난을 오롯이 담고 있는 땅, 질박하나 굳건한 삶의 빛

벗과 함께 오늘도 길을 걷습니다

으로 상징되는 '황토'로 다가오는 곳이었지요. 그랬습니다. '남(남 녘)'은 독재에 맞서는 처절한 대듦의 내적 상징을 함유하는 단어였습니다. 남(녘)이란 곧 황토를 의미했고, 황토는 바로 핏빛으로 여겨졌고, 그 핏빛이란 이미 민주주의를 외치는 함성으로 다가오던 시절이었습니다. 하여, 남녘으로 가자, 거기서 거침없는 사고와 주저하지 않는 행동을 끊임없이 저지르는 거친 자들을 만나자, 하는 생각으로 꽉 차 있었습니다. 우선은 섬마을 선생이 되자, 그 후, 남녘 어딘가에서 땅과 더불어 사는 거친 외침을 내지르는 자들을 만나자, 하는 생각이었습니다.

전남의 섬 지역으로 발령이 났습니다. 첫 부임 학교는 섬은 섬이되 육지와 연륙되어 있는 섬의 여자 중학교였습니다. 진짜 먼 섬으로 가질 못했습니다. 교육청의 발령에 따라 부임하는 수밖에 도리가 없었습니다. 아무튼, 이때다 싶게, 내륙에 사는 전주의 친구들이 저기 저 마침내 닿고야 말 유토피아로 새김되어 있는 섬, 이어도를 찾으려는 듯, 학교 부근에서 어머니와 함께 사는 내 집에 찾아오기 시작했습니다. 어느 친구는 제주도를 다녀오면서 들르기도 하였고, 어느 녀석은 여자 친구와 같이 와서는 늙은 어머니가 계심에도 다른 방에서 함께 잠자리를 하는 무례를 벌이기도 하였습니다. 월급을 받고서도 내가 전주에 가지 않으면 친구들이 뻔질나게 내려왔습니다. 벗, 배엽도 왔습니다. 그때 찍은 사진이 내 서

난, 너의 바람이고 싶어

그를 보낸 마음이 참으로 아픕니다.

그는 나의 스승이기도 합니다.

나는 오늘도 서재에 놓인 사진을 보며 벗에게 말을 겁니다.

-어이쿠, 배엽아! 이 일을 어떻게 해?

'벗이라면 어떻게 이 일을 처리했을까?' 하고

그의 입장에서 생각하곤 합니다.

재에 놓인 사진입니다.

아픈 벗의 쾌유를 빌며 바친
나의 단편 소설 「오래된 잉태」가 혹여

벗, 배엽은 시인이었습니다. '나는 백두산에 안
갑니다'라는 그의 시는 꽤 널리 읽히는 시이기도 합니다. 휴전선을
거쳐 내 땅을 뚜벅뚜벅 걸어 백두산에 이르지 않으면, 중국 땅을
밟고서는 백두산에 오르지 않겠다는 통일에의 처절한 염원을 담
은 시입니다. 그러나 그는 몇 편의 시보다 시국 관련 성명서를 더
많이 썼고, 전북대 앞에 사회 과학 서점 '새날'을 연 책방 주인이었
습니다. 전주에서 유일하게 오랜 동안 버티며 새날을 맞이하고자
하는 숙원의 사회 과학 서점이었지요.
그런 그가 세상을 뜨자, 한편으론 나의 삶마저 궁금해졌습니다.
함께 놀고, 싸우고, 미워하고, 웃고 하던 친구의 죽음은 피맺힌 속
울음을 내뱉도록 했습니다. 아픈 벗의 쾌유를 빌며 바친 나의 단편
소설 「오래된 잉태」가 혹여, 반작용한 것일까? 하는 의구심마저 갖
도록 하였습니다. 그를 보낸 마음이 참으로 아픕니다. 그는 나의
스승이기도 합니다.

나는 오늘도 서재에 놓인 사진을 보며 벗에게 말을 겁니다.

– 어이쿠, 배엽아! 이 일을 어떻게 해?

'벗이라면 어떻게 이 일을 처리했을까?' 하고 그의 입장에서 생각하곤 합니다. 그는 내가 글이 써지지 않으니 교사가 되겠다고 하던 시절, 나를 질타하듯 오늘 있은 어떤 일에 대한 나의 생각과 행동을 두고 말합니다.

– 지금이라도, 저렇게 하는 게 옳겠는데.

나의 물음에 대한 벗의 답은 군더더기 없이 명료합니다.

배엽과 나는 세상을 같이 걷고 있습니다.

여전히 동행의 벗입니다.

벗과 함께 오늘도 길을 걷습니다

민철이의

양말

이수언

이수언

세상에서 가장 좋아하는 과목으로 평생 가장 하고 싶었던 직업을 하며 살고 있다. "선생님 같은 선생님 처음 봤어요."라는 말을 내심 기뻐하고, 아이들과 부대끼며 매일을 사는 5년 차 중등 국어 교사이다. 바람이 짭짤한 서산에서 첫 근무를 시작하고, 두 학교를 지나 현재는 천안의 충남 예술고등학교에서 근무하고 있다.

1.

피켓의 글씨는 단풍잎처럼 알록달록한, 아이들의 목소리는 와 글와글한, 학교 폭력 예방대회 날이다. 캠페인 기념으로 나누어 준 양말에는,

'학교 폭력, 이제 발 뻗고 자요! 117! 서북경찰서'

라는 문구. 피켓을 들고 있던 민철이는 나에게 양말을 주며,

"이 양말 선생님 드릴게요. 내일 꼭 신고 오세요. 그럼 저랑 커플!"

"너랑 왜 커플을 하니. 됐어."

·
민철이의 양말

통방구리^(편잔)를 주었지만, 내심 짠했다. 그 양말 조각이 무슨 첫사랑 고백 편지처럼 애잔한 것이다.

도시이면서도 시골, 도시 외곽 면 지역에 위치한 학교이다. 그래서 그런지 아이들은 놀 무엇인가가 부족했던 만큼 꼬물꼬물 움직임이 많았다. 가을이 나뭇가지 끄트머리부터 다가오고 있는 날이었다.

"선생님, 큰일 났어요! 애들 싸워요!"

교실에 가서 보니, 두 녀석이 독이 잔뜩 오른 눈빛으로 서로를 노려보는 중이다. 둘 다 얼굴이 말이 아니다. 심지어 한 녀석은 안경다리가 부러져 있었고, 눈썹 뼈 부근에서 피다. 다급하다.

바로 병원으로 갔다. 민철이의 손은 퉁퉁 부어 있었고, 민철이의 대결 상대 현재는 눈 언저리에 피를 흘리며 침묵을 지키고 있었다. 서로에 대한 화, 자책, 민망함, 분함이 어우러져 말 그대로 '소리 없는 아우성'이 응급차 안을 휘감았다.

"다 싸웠냐? 아예 못 일어나게 반쯤 죽이지 그랬어."

응급실에 도착하자마자 현재 어머니가 다급하게 들어왔다. 어머니는 인사도 생략하고 자식의 상태부터 물었고, 걱정이 가득한 눈빛으로 현재를 머리부터 발끝까지 살폈다. 그러나 민철이는 할머니와 따로 떨어져 살고 있으니 양친 누구에게 연락해도 항상 돌아오는 말은 "바빠서 안 된다."는 말뿐이다. 이날 역시 아버지도,

난, 너의 바람이고 싶어

어머니도 모두 바빴다.

싸움 후의 잔감정이 민망할 정도로 침대는 바싹 붙어 있었다. 한쪽 침대에서는 걱정 가득한 가족애가 뚝뚝 묻어 나오고 있었고, 다른 한쪽 침대에서는 묵묵한 침묵만 흐른다.

'학교 폭력, 이제 발 뻗고 자요! 117! 서북경찰서'

양말이 눈에 훅 들어왔다. 친구를 때리느라 손가락이 부러진 아이의 발등에서 쑥스럽게 캠페인 문구가 웃고 있다. 급하게 나오느라 미처 신발을 갈아 신지 못한 채 실내화 차림인 내 발에도 그 문구 두 개가 둥둥 떠 있다. 내 시선이 발등에 간 것을 아는지, 민철이는 한 발로 다른 발 위의 문구를 가렸다. 그렇지만 어쩌나. 발은 두 개, 문구도 두 개. 하나를 마저 가리진 못했다. 멋쩍게 씩 웃기에 나도 따라 웃었다.

"양말 신고 오라고 하길래 신고 왔더니, 이러기냐?"

"샘, 죄송해요. 정말 죄송해요. 좀 더 참았어야 했는데. 아! 죄송해요."

연신 죄송하다고 말하는 민철이의 표정에는 진심이 담겨 있다.

올해 초, 처음 만난 민철이는 안 그랬다. 눈에는 독기가, 어깨에는 속된 말로 '가오'가 가득했다. 힘센 척이 곧 권력이고, 권력으로 계층이 나뉘는, 그 살벌한 교실에서 민철이는 가장 꼭대기에 올라 있었다.

'오냐, 너의 권력을 내가 없애 주마.'

그런 각오로 교실 쓰레기통 비우기, 우유 가져오기 등등 자잘하게 손 가는 일을 민철이에게 시켰다. 의외로 순하게 내 지시를 따랐고, 나는 민철이의 권력 부림을 방해하는 데 성공했다고 내심 뿌듯해 했다.

그러던 어느 날, 청소 시간, 어김없이 민철이에게 쓰레기통을 비우고 오라고 지시했다.

"샘, 내일 하면 안 돼요?"

"오늘 해. 네가 할 일이잖아."

"아이 씨!"

민철이가 쓰레기통을 발로 차는 장면이 분명하게 눈에 잡혔다. 날이 잔뜩 서서 민철이를 불렀다.

"내가 하는 말이 우습냐?"

"아닌데요."

"내가 시킨 일이 그렇게 힘드냐?"

"왜 저한테만 그러세요?"

"고개 안 숙여? 보이는 게 없구나."

"아, 쌤이 뭔데 그래요."

꼬리를 무는 대화가 오고 갔다. 민철이가 그 상황을 귀찮아 했으니, 내 말은 의미 없는 조각들로 공중에 흩어졌다. 급기야 민

난, 너의 바람이고 싶어

철이는 교실을 박차고 나갔다. 아, 그리고 그날부터 학교에 오지 않았다.

부모님께 연락을 해 보았지만 모두 바쁘다는 소식뿐이다. 학교에 오지 않은 둘째 날 친구 동우와 선호를 불러 함께 민철이네 집에 찾아갔다. 야속하게도 날씨가 좋았다. 햇빛 뜨거운 봄날 시골 들녘은 참 파랗다. 내 속은 바짝바짝 타는데, 논에 벼는 푸르게 자랐고, 길가에 들꽃은 아이들 표정처럼 조바심으로 피어나 있었다.

"민철이 왜 안 올까?"

"걔 멘탈 나가서 그래요."

"작년엔 더 심했어요. 선생님한테 욕도 하고 그랬어요. 막 책 집어 던지고. 그래도 올해는 엄청 나아진 거예요."

참 쉽게 이야기한다. 그만큼 민철이의 등교 거부는 아이들에게 당연한 일이었다.

2.

일곱 번만에 마침내 민철이네 집을 찾았다. 시골 느낌의 동네에서도 민철이네 집은 참 소담했다. 마당에는 누렁이가 있고, 알알이 널려 있는 콩, 빨랫줄에 빨래와 함께 걸려 있는 나물들, 천생 시골

민철이의 양말

집이다. 그리고 작았다.

"샘, 여기 보세요."

"어! 이거 민철이 자전거인데, 여기 맞나 보다."

민철이가 등교할 때 타는 자전거이다. 우리는 차를 타고도 20분이 넘게 걸려 도착했으니 민철이는 등교에 더 긴 시간이 걸렸을 것이다.

"누구슈?"

"안녕하세요. 민철이 담임 선생님이에요. 민철이 있나요?"

"나 민철이 할민데."

"아, 안녕하세요! 민철이가 학교에 오지 않아서 찾아와 봤어요."

"냅둬. 지 하고 싶은 대로 하고 살게 그냥 둬."

할머니가 싸늘하게 끊으셨으나, 나는 생글생글 웃는 표정으로 말했다.

"민철이 좀 볼 수 있을까요?"

"들어와요."

그야말로 '절레절레'의 표정으로 할머니는 우리를 맞이하셨다. 민철이는 정말 꿀잠을 자고 있었다. 잠이 덕지덕지 붙어 있는 얼굴로 나를 보고 멋쩍게 웃었다.

"민철이 속 많이 썩이지요?"

난, 너의 바람이고 싶어

"말도 마. 집에도 잘 안 와요. 밥도 안 먹어. 지 애비 말도 안 듣
는데 나 같은 늙은이 말은 들것어? 나가래도 나가지도 않아요."

"왜 나가라고 그러세요?"

"속상해 죽것슈. 지 아비도 속상하니까 저 어린 것 보면 매일 욕
하고 힘쓰고 때리고 그러지. 이제 저놈도 머리가 커서 가만히 있
나. 대들지."

"아버님이 민철이 많이 혼내시나 봐요."

"저 놈이 집을 나가래도 안 나가. 말도 안 들어. 미워 죽겠어."

씻고 나온 민철이가 소리를 버럭 질렀다.

"아, 할머니는 왜 또 나 가지고 그래."

"저것 봐. 늙은이한테 소리 지르는 것 좀 봐."

한참을 할머니는 민철이 뒷바라지가 힘들다는 푸념을 연이어
하셨다. '민철이 나쁜 놈'이라는 제목이 어울리는 할머니의 푸념
판소리가 이어지는 사이마다 민철이는 한 번씩 고함으로 추임새
를 넣었다. 구성지게. 어찌나 죽이 딱 맞는지, 연습을 수천 번 한
것 같다.

그 길로 학교로 바로 들어갔고, 틈나는 대로 대화를 시도했지만
민철이는 계속 침묵을 지켰고, 얘기 좀 하자는 내 부름에도 끝내
교무실에 오지 않았다.

민철이의 양말

3.

주말에 고등학교 친구들을 만나 그 고민을 털어놓았다.

"야, 우리도 그랬어."

"그래, 담임이 부르는 이유는 한 가지야. 혼내려고 그러는 건데 너 같으면 얼씨구나 교무실에 가겠니?"

"맞아. 그래서 불려 가면 항상 실내화 발등에 무늬가 몇 줄인지 세면서 한 귀로 듣고 한 귀로 흘렸지 뭐."

학창 시절, 교무실에 불려 가는 목적은 보통 야단맞기 위해서였을 뿐이다.

고등학교 3학년 때의 일이 화두에 올랐다. 모의고사를 보던 날 아침이었다. 그때 나와 친구들은 모두 형편이 넉넉하지 않았고 부모님 또한 다들 바빠서 아침마다 각자 도시락을 싸 왔었다. 한 가지씩 집 반찬을 싸 와서 삼삼오오 모여 앉으면 진수성찬이 차려졌다. 그날도 일찍 학교에 도착해 깔깔거리며 도시락을 까먹는 찰나,

"너희 지금 뭐 하는 거야?"

아! 담임 선생님의 호령이다.

"다 나와! 누가 교실에서 밥 먹으래! 엎드려!"

우리는 벌을 받았다. 그리고 아무 말도 할 수 없었다. 하고 싶은

난, 너의 바람이고 싶어

말이 목구멍 끝까지 차올랐지만 끝내 입 밖으로 꺼내지 못했다.

손등에 핏줄 색깔을 세며, 묵묵하게 서서 한참 동안 벌을 받고 있던 그때였다.

"선생님, 교실에서 밥 먹으면 왜 안 되나요?"

다희가 벌떡 일어서서 선생님에게 조용히 말했다.

"너 뭐야!"

팔이 힘들어서 떨리는 건지, 다희의 포효가 무서워서 떨리는 건지, 선생님의 불호령이 무서워서 떨리는 건지 구분하지 못할 만큼 모두들 팔이 덜덜 떨렸다.

"너 누가 혼나는데 말 대답하래! 안 엎드려?"

"알려 주세요. 왜 혼나는지 모르겠어요."

"조용히 안 해?"

"교실에서 밥 먹으면 안 되는 건가요? 이유를 모르겠어서 벌 못 서겠어요."

"나머지는 다 들어가. 너 교무실로 따라와."

다희는 교무실로 끌려갔다. 잘못을 인정하지 않으면 교실로 보낼 수 없다고 소리 지르는 선생님의 목소리가 들렸다. 그렇게 점심시간까지 다희는 교실로 돌아오지 못했다. 다행히 점심시간에 다희는 돌아왔고 몇 시간의 사연을 설명했다. 인자하게 나이 드신 한 선생님께서 다희를 따로 불러 혼나게 된 이유를 조근조근 말씀해 주셨다고 한다.

"다희야. 환기도 어려운 교실에서 밥을 먹으면 반 전체에 냄새가 나게 돼. 그럼 다른 아이들에게 방해가 될 수 있잖아. 그래서 선생님께서 밥 먹은 걸로 혼을 내신 거야. 이해할 수 있겠니?"

이유를 알고 나자, 우리는 다시는 교실에서 밥을 먹지 말아야겠다고 입을 모아 말했다. 그때까지는 진짜 몰랐다. 우리가 왜 혼나는지를 몰랐고, 그래서 억울해 했던 우리의 어린 시절 풍경이 오버랩 된다.

"야! 그때 기억나지? 왜 혼나는지 이유나 알고 혼나면 덜 억울했을 거야. 너 근데 그 학생한테 그날 왜 그렇게 심술이 났었는지 이유는 물어봤어?"

'이유를 물은 적은 있었냐.'

저 한마디가 정신을 번쩍 들게 했다. 그날 민철이가 왜 그렇게 지시를 따르지 않는지, 큰일도 아닌데 왜 쓰레기통을 박차고 나갔는지, 나는 이유를 전혀 묻지 않았다. 그저 민철이는 성격이 고약하니까, 드센 아이니까 일단 제압해야 했다. 나도 모르게 교실의 계층을 인정하고 있었고, 그 계층보다 더 높은 곳에서 민철이를 눌러야 한다고 생각했었다는 걸 깨달았다.

'나도 이유보다 권위가 앞서는 듣지 못하는 교사가 되어 버렸구나.'

난, 너의 바람이고 싶어

얼굴이 화끈거렸다. 절대로 편애하지 않고 모두의 이야기를 잘 들어주는 교사가 되고 싶다는 발령 때의 다짐을 어느샌가 잃어버렸구나, 나는 감정적으로 나태해졌구나 싶어서 마음이 딱딱하게 굳어졌다. 이건 부끄러움이었다.

4.

주말이 지나고 점심시간.

밥을 다 먹고 아이들과 운동장으로 나가려는 민철이의 손을 뒤에서 확 잡았다. 민철이는 깜짝 놀란 목소리로 소리를 질렀다.

"우리 산책하자!"

정말 진심을 담아 민철이 손을 잡아끌었다. 민철이는 머쓱하게 따라왔다.

"아, 왜요. 어디 가요?"

운동장을 걸으면서 민철이와 처음으로 이야기가 오고 가는 대화를 했다. 그날 아침 아버지에게 혼이 났었다고 말했다. 매일 부정적인 이야기를 들으며 하루를 지내는 것 같았다. 그랬다. 어른들은 하루에 단 한 마디도 민철이에게 즐거운 이야기를 하지 않았다. 어른이 말을 건다는 것은 곧 '화'였고 '야단'이었다. 그렇게 '부

지금도 수많은 민철이들은 외로움을 반항으로 치료하려 한다.

그래서 혼란스럽고 시끄럽다.

민철이는 미숙하고 어린 교사에게

앞으로의 방향에 대해 알려 준 스승이다.

이유 없는 반항기의 이유가 되라고 교사가 있는 것이다.

앞으로 만날 민철이들에게 이유가 되어야겠다는 결심이

매일 출근길을 새삼스럽게 한다.

름'이 곧 '혼나는 것'이라는 등호가 학습된 민철이는 점점 더 날카로워지고, 스스로를 보호하기 위해 독기를 키웠던 것이다. 더군다나 그날 아침 혼난 이야기를 생생하게 듣고 나니까 내가 기폭제가 되었구나 하는 생각이 들었다. 그랬구나. 독기를 웃음으로 바꾸는 것은 권위가 아니라 이해였다.

"하루 종일 엄청 짜증났는데, 샘까지 뭐라고 하니까 살기 싫었어요. 그래도 샘 좋아했는데, 그날은 다 싫었어요. 멘탈이 나갔었죠. 하하."

웃으면서 말하는 민철이의 눈에서 열여섯 청소년의 얼굴을 보았다. 그리고 그 눈동자에 미숙한 채로 권위만 앞서서 아이들에게 상처를 보태는 선생의 모습이 부끄럽게 어렸다.

"막 힘들고 그럴 때, 아니면 살기 싫고 그럴 때 생각할 거 있어?"

"없어요."

"떠올릴 거 없어?"

"그럴 때 내 생각 해. 살기 싫을 때."

"아, 뭐예요. 샘을 왜 생각해요?"

요즘 표현으로 '오글거리는' 말이었지만 아무튼 그 이후로 민철이는 달라졌다. 아니, 민철이를 바라보는 내 눈이 달라져서 민철이도 부드러워진 거다. 그래서 싸움이 있던 아침, 민철이가 내밀었던 그 양말이 그렇게도 고마웠고, 죄송하다고 말하는 민철이의 표정에서 진심도 읽을 수 있었다.

다음 날부터 민철이는 학생부 처벌에 따라 교내 봉사를 했다. 내심 도망갈까 봐, 학생부 선생님에게 심술을 부리거나 할까 봐 걱정했지만 그런 일은 없었다. 그날 이후 점심시간마다 10분씩 민철이와 산책을 했다. 내가 너의 이유 없는 반항기에 이유가 되리라, 그런 자신감으로 한 계절을 더 보냈다. 중간중간 민철이는 몇 가지 에피소드를 던져 주었고, 나는 민철이와 샅바 싸움도 하고 화도 냈지만 그래도 그 전처럼 민철이가 등교를 거부하거나 물건을 부수거나 하지는 않았다. 나름대로 민철이는 잘 따라 주었고, 또 웃어주었으며, 건강하게 혼나고 자기 딴에는 바르게 학교를 다녔다. 졸업 후에 듣게 된 민철이의 소식에 다시 개입하지는 않은 이유는 내 영향력을 자신해서가 아니라 아직은 미숙해서이다.

5.

지금도 수많은 민철이들은 외로움을 반항으로 치료하려 한다. 그래서 혼란스럽고 시끄럽다.

민철이는 미숙하고 어린 교사에게 앞으로의 방향에 대해 알려준 스승이다. 이유 없는 반항기의 이유가 되라고 교사가 있는 것이

난, 너의 바람이고 싶어

다. 앞으로 만날 민철이들에게 이유가 되어야겠다는 결심이 매일 출근길을 새삼스럽게 한다. 앞으로 쭉 30년, 새롭게 만날 민철이들에게 등교의 이유가 되고, 삶의 이유가 되었으면 좋겠다.

나의

개똥수박들

차정선

차정선

충남 청양의 작은 산골에서 태어나 자랐다. 길가의 작은 풀꽃 하나도 그냥 지나치지 못하는 감성파 시골내기다. 그래서인지 고향에 대한 깊은 향수를 지니고 있다는 소리를 많이 듣는데, 그것들을 더듬어 글로 풀어내는 재미에 빠져 있다. 고향 산자락이 보인다는 이유로 깃들어 있는 지금 사는 집 거실에서 청태산과 백월산 사이에 걸친 저녁노을 보면 아직도 가슴이 아련하다. 문학과 자연이 좋아 이들과 평생 연애하며 살 생각이고, 홍성에 있는 장곡초등학교 반계분교에서 전교생 9명의 아이들과 생활한 경험을 축복이라고 여기고 있다. 지금은 광천 제일고등학교에서 국어 교사로 근무한다. 광천으로 출근할 때 수성이네 집 앞을 지난다. 그 사실을 수성이가 알게 된 후로 종종 나와 손을 흔든다. 가끔은 점심 먹을 때 깨끗하게 먹어라, 친구들과 잘 지내라 잔소리를 다급하게 쏟아 내는데 아침 댓바람의 잔소리에도 수성이는 늘 꽃처럼 웃는다. 아침마다 인사하려고 달려오는 수성이의 마음이 기특하고 고맙다. '청양문학회'에서 글쓰기를 배우며 교사 독서모임 '간서치' 회원으로 활동하고 있다.

첫 만남

　　지난 학기부터 전교생이 9명인 장곡면 천태리 초등학교 분교에서 2학년 아홉 살 꼬맹이들의 담임으로 일한다. 첫 출근하는 아침, 잘 정돈된 운동장에 햇빛이 말갛게 고여 있었다. 깊고도 그윽한 빛이었다.

　이 정의 나무들과 오래된 조각상들이 나를 지켜보는 것 같아 나도 모르게 가슴이 울렁거렸다. 교문에 들어서고도 한참 동안 본관에 들어가지 못한 채 머뭇거렸다. 새로운 배경들의 시선을 의식하며 천천히 걸음을 옮겼다. 운동장 옆으로 솟은 동산이 푸근하다.

저 동산을 다람쥐처럼 오르내리며 뛰어놀았을 수많은 어린 영혼들이 저절로 눈에 그려졌다.

이번에는 본관 입구에서 인기척이 느껴졌다. 나는 일부러 산기슭의 키 큰 미루나무에 신경을 쓰는 척 딴전을 부렸다. 이윽고 어린애들 서너 명이 오그르르 몰려왔다. 내가 담임을 맡은 2학년 모두가 다문화 가정 아이라고 했던가? 나를 빤히 쳐다보는 꼬맹이들의 까무잡잡한 피부가 정겹게 다가온다. 옆 건물의 병설유치원 아기들 3명까지 합세해서 새 선생님을 환영하는 통에 나의 근무 첫날은 어수선하게 흘러갔다.

궁금한 게 어찌나 많은지 참새 떼들이 쉴 새 없이 째그락거리는 것 같았다.

"어느 학교에서 왔나요?"

"선생님은 뭘 제일 좋아해요?"

아이들이 선생님의 신상을 탈탈 터는 그 와중에 2학년들의 이름을 첫날 다 외워 다행이었다. 그동안 담임 노릇을 숱하게 하면서 아이들 이름을 첫날에 다 외운 것은 이번이 처음일 것이다. 하긴 유리아, 다빈이, 수성이, 해주. 다 합쳐서 딱 네 명뿐이었으니 못 외우면 더 이상한 일이었다.

우리의 만남은 그렇게 시작되었다. 분교에서의 근무가 처음이고 더군다나 동료 교사는 분교장님밖에 안 계신 상황에서 2학년

도시에서 막 전학 온 어리바리한 아이처럼 나는 한동안 2학년 아이들 뒤만 쫓아다녔다. 학년 전체가 몰려다니며 놀긴 했지만 네 명이 놀기에 학교는 너무 넓었다. 운동장 구석에서 놀고 있는 아이들이 애처로워서 가끔 창가에 선 채 한참씩 바라보기도 했다. '작년에 폐교되었다는 옆 마을의 분교처럼 여기도 곧 문을 닫게 되는 걸까?' 오래되어 낡긴 했지 만 학교 건물이며 저마다 다른 이야기 한 줌씩 간직하고 있는 것 같은 나무들, 정갈한 운동장까지 아깝지 않은 게 하나도 없었다.

꾸러기들은 내가 잘 모르는 것들을 깜찍하게 알려 주었다. 먼저 토마토와 가지, 목화, 고추, 참외가 자라는 텃밭을 안내해 주었다. 그러더니 아까시나무에 매달린 타이어 그네 타는 법도 친절하게 알려 주었다. 나도 작은 산골에서 분교를 다녔지만 그건 20년도 훨씬 지났으니 이미 옛날 얘기다. 오래전에 품었던 감정들이 여기 이 학교에서 되살아나는 것을 깨닫고 그만 먹먹해졌다. 참 오랜만에 느껴 보는 오롯한 평화였다.

도시에서 막 전학 온 어리바리한 아이처럼 나는 한동안 2학년 아이들 뒤만 쫓아다녔다. 학년 전체가 몰려다니며 놀긴 했지만 네 명이 놀기에 학교는 너무 넓었다. 운동장 구석에서 놀고 있는 아이들이 애처로워서 가끔 창가에 선 채 한참씩 바라보기도 했다.

'작년에 폐교되었다는 옆 마을의 분교처럼 여기도 곧 문을 닫게 되는 걸까?'

오래되어 낡긴 했지만 학교 건물이며 저마다 다른 이야기 한 줌씩 간직하고 있는 것 같은 나무들, 정갈한 운동장까지 아깝지 않은 게 하나도 없었다.

난, 너의 바람이고 싶어

개똥수박 수지

    늦더위가 한창인 9월 초 무렵이었다. 우리 교실 옆 손바닥만 한 화단에 수박 넝쿨 줄기가 뻗은 게 눈에 들어왔다. 수박 넝쿨 할아버지가 자라고 있다 해도 이상한 일은 아니었으나 일년초들이 자라고 있는 학교 화단에서의 수박 넝쿨은 좀 생뚱맞게 돋보였다. 한 뼘 두 뼘 제법 자라서 노란 꽃들이 올망졸망 매달리더니 어느새 어른 주먹을 두 개 합친 것만 한 크기의 수박 하나가 되똥 올라앉은 것이다.

    어디서 날아온 씨앗 하나가 화단에 뿌리를 내렸는지 아는 이가 없었다. 간식으로 나온 수박을 먹고 누군가 씨를 뱉었으려니 막연하게 짐작만 할 뿐이었다. 아무튼 그 씨를 뱉은 게 누구인지 그건 별로 중요하지 않았다. 그때부터 우리 2학년들이 날마다 화단에 쪼그리고 앉아 수박을 쓰다듬어 주고 눈을 한 번씩 맞춰 주었다. 땅바닥이 바짝 마르는 한낮에는 옆에 있는 수돗가에서 물을 한 바가지씩 떠다가 뿌려 주기도 하면서 알뜰살뜰 보살펴 주었다.

    노란 꽃들이 수시로 피었지만 아침저녁 쌀쌀해서인지 열매가 더는 달리지 않았다. 딱 이놈 하나였다. 어미 넝쿨의 탯줄에 매달린 외동 수박이 잠을 쌕쌕 잤다 깼다 하면서 하루가 다르게 살이 붙고 줄기를 키웠다. 그러더니 어느새 조그만 럭비공만 하게 자란 것이다. 그 수박이 점차 가까이 들어오면서 나는 아예 출근하자마자 가방을 옆구리에 낀 채로 화단 앞에 앉아 시간을 보내기도 했다. 겉면에 그럴 듯한 검은 줄무늬까지 그려지면서 진짜 수박 꼴이 갖춰지기 시작할 즈음이다.

들녘에서 저절로 자란 참외나 수박 같은 것에 '개똥'이라는 이름을 붙인다. 개똥에서 발아한 싹에게 붙여야 마땅한 명칭이겠지만 진짜 개똥수박을 찾기는 어려울 것이다. 순수 혈통주의로 따지자면 우리 학교 화단에서 자란 수박도 진짜배기 개똥수박은 아니겠지만, 누가 뱉었는지도 모를 씨앗 한 개에서 비롯된 기특한 녀석이므로 우리들은 모두 개똥수박이라고 부르기로 했다.

그러다가 문득 개똥이라는 이름을 붙인 게 좀 미안한 마음이 들었다. 너무나 미끈하게 잘생긴 수박이었기 때문이다.

"일부러 심지 않았는데도 이렇게 나서 자라는 과일에 개똥이라는 이름을 붙인단다. "

아이들에게 알려 주자 여기저기 '개똥' 자를 붙여 이름을 만들며 킥킥거렸다.

"개똥참외, 개똥수박이요?"

"그럼 개똥토마토도 있나요?"

개똥토마토는 들어 본 일이 없어서 나도 덩달아 웃고 말았다. 2학년에서 유일한 남학생이자 최고의 장난꾸러기인 수성이가 제일 크게 웃었다. 장난기가 동한 나는 수성이의 동생 수지의 이름을 수박에게 붙여 주자고 했다.

"제 동생은 민정인데요? 이민정이요."

"너랑 같은 돌림자를 쓰는 수박이니까 수지라고 이름을 지은거야."

말도 안 되는 주장을 펼치니 수성이는 썩은 이를 드러내며 히죽거렸다. 그래도 슬며시 물도 떠다 주고 살뜰히 챙기는 것이 정말 수지 오빠가 된 것 같았다. 여자 아이들도 덩달아 "수지야, 수지야." 부르며 쓰다듬어 주었다. 내가 학교 마당에 들어서면 먼저 와서 화단을 살피고 있던 아이들이 우르르 몰려들어 서로 앞다투어 수지의 상태를 보고했다.

"선생님, 수지가 어제보다 더 큰 게 밥을 많이 먹은 것 같아요."

"선생님, 수지가 목마르다고 해서 물 떠다 줬더니 더 튼튼해졌어요."

"수지가 밤에 잘 잤나 봐요. 오늘 따라 기분이 좋아 보여요."

내가 짐짓 진지한 표정으로 수지를 자세하게 살펴보자 아이들도 덩달아 진지해져서 나를 지켜봤다.

어느 날 아침, 화단에 웬 낯선 사람이 앉아 있는 게 아닌가!

수지에게 무슨 일이 생기면 어쩌나 가슴을 졸이며 달려갔다. 조그만 체구의 할머니가 호미를 들고 계셨다. 학교의 풀을 뽑아 주시

는 동네 할머니라고 아이들이 말해 주었다. 다행이다. 그래도 수
박 넝쿨은 뽑지 말아 달라고 서둘러 사정을 했다. 수박 넝쿨의 여
린 순을 할머니가 막 밟는 것 같아 조마조마했지만 아무 말도 못
하고 지켜보다가 교실에 들어왔다. 조금 뒤 나가 보니 수박 넝쿨
사이에서 수지가 '이젠 좀 숨통이 트인다'는 듯 가뿐한 표정을 지
었다. 그동안 잡초가 반이요, 수박 넝쿨에, 자잘한 화초들 사이에
서 정신이 없었을 것이다. 그냥 쳐다만 볼 줄만 알았지 풀 한 포기
뽑아 주는 법도 몰랐던 내 손이 문득 부끄러웠다.

　무심한 듯 툭 떨어져 자라고 있는 저 개똥수박도, 아침 일찍 학
교 화단의 풀을 뽑는 할머니도 그리고 아침마다 먼저 와서 놀고 있
는 몇 안 되는 저 아이들도 모두 어설픈 선생 노릇하는 내게 아직
도 멀었다며 일깨움을 주는 존재들 같다. 누가 보건 말건 묵묵히
최선을 다하는 모습들이지 않은가.

개똥수박 아이들

　　　　그러고 보니 우리 2학년들은 아무도 내게 잘 보
이려고 애쓰지 않는다. 있는 모습 그대로 슬며시 다가와 내게 안긴
다. 다빈이는 할머니 밑에서 자라지만 밝고 구김살 없는 아이다.

그림 그리기와 만들기 하는 실력이 웬만한 고학년들보다도 낫더니 아닌 게 아니라 꿈이 패션 디자이너란다.

"디자이너가 되면 선생님 옷도 만들어 줄게요. 공짜로."

"정말? 잊어버리는 거 아니지?"

약속도 단단히 받아 놨다. 그런 다빈이가 가끔 아기 흉내를 내며 내게 안긴다.

"엄마 정이 그리워 그러니 선생님이 좀 많이 안아 주세유."

할머니가 넌지시 한 말씀 하신다. 내가 안아 주는 것이 어찌 엄마 같을까마는 나는 진심으로 애정을 담아 다빈이를 토닥거린다. 내 품에서 어리광을 한껏 늘어놓다가 무슨 놀 거리가 생기면 신이 나서 가 버리니 천생 아이 모습이다. 그래도 새침데기 같은 그 뒷모습이 좀 쓸쓸하다. 다빈이 또래의 아들을 키우고 있는 엄마로서 마음이 짠한 게 미안하다.

베트남 인 어머니를 둔 유리아와 해주, 수성이도 저마다 다른 개성들로 똘똘 뭉친 아이들이다.

일주일에 한 번 베트남 어 수업을 하러 학교에 나오는 어머니를 유리아는 제일 자랑스러워한다. 마음 씀씀이도 깊어서 친구들 사이에서 늘 의젓한 모습을 보인다. 만들기 수업 후 은근슬쩍 딴전 부리는 아이들 틈에서 가장 열심히 교실 청소를 하는 아이가 바로 유리아다.

해주는 동그란 눈에 긴 머리가 영락없는 인형 같다. 외동으로 자란 탓일까, 얼마 전까지 말문을 닫아 말이 없었다고 한다. 지금은 밝고 명랑하게 아이들과 잘 놀고 이야기도 잘 한다. 글씨를 또박또박 얼마나 잘 쓰는지 해주 글씨를 보고 있으면 행복해진다. 느리지만 꼼꼼하고 정확하게 자기 할 일을 해낸다.

자, 마지막으로 우리의 수성이다. 수성이는 어디로 튈지 모르는 럭비공 같다. 읽기와 쓰기가 많이 부족하지만 말발이 세서 나에게도 전혀 지지 않는다. 방과 후 수업으로 영어를 하고 있는데 선생님이 많이 엄격하신가 보다. 영어 단어 쓰기 숙제를 하지 않아서 가장 많이 혼나는데도 수성이는 숙제할 생각을 하지 않고 놀기만 했다. 그래도 영어 수업이 든 화요일은 저도 좀 찜찜한지 점심시간에 놀면서도 심란한 표정이다.

"그만 놀고 숙제를 해야 하지 않겠니?"

"시간이 많이 부족해요. 어쩌겠어요. 마음의 비상등을 켜고 영어 시간을 맞이할 수밖에요. "

나는 그 말에 깜짝 놀랐다. 별안간 내 마음에도 환한 등불이 반짝반짝 켜지는 것 같았다.

"너는 말은 잘하면서 책은 왜 그렇게 더듬더듬 읽니?"

내가 작정하고 따져 묻자 씩 웃으며 하는 말이 걸작이다.

"저는요, 머릿속에서 생각나는 말은 잘해도 보고 읽는 건 못 하

난, 너의 바람이고 싶어

는 체질이거든요."

그 당당한 대꾸가 내게 많은 생각을 하게 했다.

화단에서 의젓하게 수박 꼴을 갖춰 가고 있는 개똥수박을 지켜보면 꼭 여기 아이들 같다는 생각이 들곤 한다. 다듬어지지 않고 촌스럽지만 늘 씩씩한 표정이며 그래서 뭔가 더 친숙하고 정답다. 내 추억에서나 남아 있는 줄 알았는데 아직도 이런 종류의 씩씩함이 남아 있다는 사실이 그저 놀랍고 감격스러웠다.

늘 함께, 그리고 같이

그러나 개똥수박 수지는 오래가지 못했다. 추석을 앞둔 어느 날 아침 똑 떨어진 채로 발견되어 우리를 슬프게 했다. 우리는 사건 현장에 모여든 구경꾼들처럼 화단 주변에 모여 안타깝게 수군거렸다. 범인을 찾으려고 시도했지만 그냥 그러다 말았다. 이제 와서 그게 밝혀진들 무슨 소용인가 싶었다.

대신 야생의 개똥수박 같은 아이들 네 명이 내 옆에 앉아 있는 걸로 위안을 삼는다. 가끔 개똥수박 수지 이야기를 나누기도 한다. 그럴 때면 한때 수지의 오빠로 낙점됐던 수성이에게 저절로 눈길이 간다. 수성이도 금세 눈이 세모가 되어 날 향해 느물거린다.

"개똥수성이 무척 어울리지 않니? 수성은 별 이름이고 개똥별이 라고 부르는 별도 있으니까 개똥수성이 괜찮은 것 같아."

내가 짓궂게 억지를 부리자 수성이는 '개똥' 소리에만 신경이 쓰이는지 도리질을 한다. 만두를 유난히 좋아하는 수성이에게 '만두 수성'이라는 별명도 있는 터였다. 수성이 이름에 아무거나 이어 붙여도 썩 어울리는 것 같아 한바탕 웃으면서 문득 이 웃음의 여운이 오래오래 남아 이 아이들 가슴속에 오래도록 간직된다면 좋겠다 는 생각을 했다. 외롭고 지칠 때 힘을 주는 따뜻함이 되어 이 아이들 가는 길을 함께해 주었으면…….

개똥수박 친구들은 바깥의 아이들과 비교하면 아직 부족한 점 투성이인지 모른다. 세상일에 약게 굴 줄도 모른다. 일일이 설명 해 줘야 고개를 주억거리는 걸 보면서 교사로서의 자세에 대해 고 민하게 될 때도 많다. 그래도 아직은 때가 묻지 않아 순수한 내 아 이들이 좀 더 오래 이 정서를 간직하길 바라는 게 사치스런 욕심일 까? 개똥수박 같은 강인함을 지녀 세상의 많은 편견과 차별 앞에 서도 당당하게 맞설 수 있다면 더 좋겠다.

벌판의 개똥수박들은 하우스에서 재배되는 수박들보다 더 달콤 한 향기를 머금고 있을 것이다. 이슬과 바람과 풀벌레의 울음으로 영근 원형의 맛을 지닌 개똥수박. 나에게 지금 이 아이들이 개똥 수박과 같은 아이들이다. 넝쿨에 매달린 줄기가 쉬이 끊어지지 않

난, 너의 바람이고 싶어

도록 힘을 부지런히 길러야 할 때인 거다, 지금은.

수지가 없어서 어쩐지 허전하고 쓸쓸하지만 지금 이대로의 모습도 괜찮다. 10월의 가을 햇볕 속에서 빈 수박 넝쿨이 여전히 노란 꽃을 피워 올리고 있기 때문이다. 우리의 마음속에서 늘 함께할 수 있으니 개똥수박 수지의 팔자도 그리 나쁘지는 않은 것 같다. 힘없이 핀 노란 꽃 몇 송이가 햇볕을 쬐며 자울자울 졸고 앉았다.

오늘은 모처럼 단감을 깎아 줬더니 수성이가 자꾸 출입문 쪽 화단 근처로 나가려고 한다.

"선생님, 단감 씨 뱉으면 단감나무가 자라지 않을까요?"

그러고 보니 개똥수박 수지도 수성이가 뱉은 수박씨에서 자란 건가 보다. 혹시 단감나무 한 그루 불쑥 싹을 틔워 우리를 놀라게 하는 건 아닐까? 내년에 화단 구석에서 개똥단감을 만날 것 같은 느낌이 자꾸만 드는 것이다.

나의 개똥수박들

재인아, 이제 우리도
만날 준비를 해야지

신현수

신현수

인천에서 교육 운동, 시민 운동, 문학 운동, 지역 운동과 관련해서 온갖 일을 맡아 했고, 지금도 그 울타리에서 벗들을 만나고 있다. 현재는 인천 부평여고 1학년 담임으로 국어를 가르치면서 사단법인 '인천 사람과 문화' 이사장 일도 하는 중이다. 시집 『처음처럼』 등 여섯 권과 『시로 쓰는 한국 근대사』 등 10여 권의 책을 냈는데 잘 팔린 책은 거의 없다. 중학교 때부터 만든 노래를 모아 지난 1978년 '신현수 작곡 발표회'를 했고, 37년 만인 2015년 7월, '신촌인디톡', '흐르는물' 등에서 게스트로 출연했다. 박기덕 선생과 김영경 선생에게 사진을 배웠고, 지난 2011년 부광 고등학교 축제 '청룡제'에서 '중국의 소수 민족'을 주제로 제1회 개인전을 열었다. 두 차례 평양과 백두산, 묘향산 등을 다녀왔고, 요녕성, 길림성, 흑룡강성 등 만주지역과 운남성, 귀주성, 감숙성, 신장위구르자치구 등 소수 민족 지역을 중심으로 10여 차례 중국을 다녀왔다. 은퇴 이후의 꿈은 여행 작가인데 그래서 사진도 배우고, 방송대 일본학과에서 일본 공부도 하고, 체력을 기르기 위하여 아주 가끔 산에도 오르지만, 아마도 이룰 수 없을 것이다.

1.

"약자들의 패배는 모든 걸 잃게 하는 싸움이 대부분이다. 사회는, 사람들의 출발선은, 강자와 약자의 싸움은 비틀어질 만큼 기울어진 그라운드에서 벌어지는 게 현실이다. 약자가 정의를 부르짖었던 시간이 핏빛 비수로 되돌아오고, 동료나 가족이 죽고, 다시 정의라는 이름을 내걸고 내 삶을 드러내 놓기가 얼마나 두려워지는지. 망설여지는지. 사람은 얼마나 연약한 존재인지."

모 진보 정당 대표에 출마한 분을 한겨레신문 기자가 인터뷰하

재인아, 이제 우리도 만날 준비를 해야지

면서 쓴 글이다. 나는 이 글을 읽는데 뜬금없이 내 친구 장재인이 떠올랐다. 70년대 말에 역사를 앞장서다가 그 이후의 모든 삶이 핏빛 비수로 되돌아온 사람. 그래서 잠시 역사에서 비켜선 사람. 나는 그걸 불편해 했었고, 그러다가 그는 비극적인 사고에 휘말려 세상을 떠났고, 그래서 이미 그는 이 세상에 없고, 나는 더 이상 용서를 구할 수도 없고.

신문에 난 기사를 볼 때도 그랬지만 요즘 무엇에 홀렸는지, 갑자기, 느닷없이, 친구 재인이가 생각났다. 재인이의 유고시집도 꺼내 보고, 그때 내가 시집에 쓴 발문도 다시 읽어 보고, 보관하고 있던 당시 신문 기사도 꺼내 보고, 급기야 유서도 꺼내 들었다(유서를 내가 보관하고 있다). 벌써 꼭 25년 전 일인데 마음이 또 흔들리고 눈앞이 흐려진다.

생각해 보니 올해가(2015년) 재인이가 이 세상을 떠나간 지 꼭 25년 되는 해다. 꼭 25년 전인 1990년은 여주 섬강교 사고가 일어난 해다. 1990년 9월 1일, 홍천을 떠나 서울을 향해 달리던 시외버스가 빗길에 미끄러져 섬강교 밑으로 추락했고 버스에 타고 있던 26명의 승객 중 23명이 죽었다. 사망자 중에는 사랑하는 내 친구 장재인의 아내 최영애와 그의 외아들 장호도 있었다. 영애는 5일 만에 발견됐고, 장호는 13일이나 지나서야 강화도 주문도에서 한 어부에 의해 발견됐다. 그리고 사고로부터 보름이 지난 15일 새벽 4

시, 재인이는 아내와 아들의 장례 준비를 모두 마쳐 놓고 아내와 아들 곁으로 갔다. 돌아보면, 섬강교 사고는 사고 후 처리 과정이 세월호 사고를 빼다 박았다.

2.

재인이는 대학 시절 나와 가장 친한 친구였다. 1980년대 초 공주대 총학생회장을 지내는 등 역사를 앞장서다가 앞에서 말한 것처럼 그 이후의 모든 삶이 '핏빛 비수'로 되돌아왔다. 1978년에 공주사대 영어교육과에 입학한 재인이는 공주사대 신문사 기자로 활동했다. 1980년 민주화의 봄을 맞아 공주사대도 학생 대표 조직이 학도호국단에서 직선 총학생회로 바뀌었고, 재인이는 공주사대 초대 민주총학생회장으로 당당하게 당선됐다.

그러나 거기까지였다. 그 이후의 역사는 우리가 다 아는 대로다. 광주를 비롯한 전국이 군부의 총칼과 구둣발에 유린됐다. 재인이는 포고령법 위반 혐의로 구속됐고, 1981년 선고유예로 석방됐다. 1981년 강제 징집되어 1983년까지 전방에서 군종사병으로 복무했다. 1984년에 복학, 1985년 2월에 대학을 졸업했지만 군부 독재는 발령을 내주지 않았다.

재인아, 이제 우리도 만날 준비를 해야지

"이제 우리도 재인이 만날 준비를 해야지."

그렇구나, 이제 우리도 벌써 재인이를 만날 준비를 해야 하는

나이가 됐구나. 재인이의 시집을 꼭 다시 내주고 싶다.

그리고 저승 갈 때 그 시집을 들고 가 25년이나 잊고 지냈던 것에

대해 재인이에게 용서를 빌고 싶다.

25년 전 그때 나의 속 좁음에 대해 꼭 용서를 빌고 싶다.

천신만고 끝에 1987년 9월에 덕수상고 교사로 발령이 났고, 1989년 8월 6일에 결혼했다. 그의 아내 최영애 역시 발령이 나지 않다가 1989년 3월에 강원도 홍천군 내면고로 발령이 났다. 주말 부부 생활이었지만 재인이의 삶에서 처음으로 행복감을 맛보던 때였다. 그러나 이 생활도 역시 딱 거기까지였다. 1989년은 전교조가 결성되던 해였다. 앞에서 말한 것처럼 재인이는 역사에서 잠시 비켜서 있었다. 지금 생각하면 충분히 이해할 수 있는 일이었다. 그러나 속 좁았던 난 재인이를 불편해 했었던 것이다.

3.

다음은 사랑하는 내 친구 장재인이 남긴 유서의 일부다. 재인이의 유서를 옮겨 적으려니 또 눈물이 쏟아진다. 25년이 지나 재인이의 유서를 옮겨 적는 일이 무슨 의미가 있을까 생각한다. 다만 이 세상에 와 고생만 하다가 간 재인이와 총명하고 예쁜 영애와 그들의 아들 장호(살아 있다면 올해 서른 살이다)를 기억하고 싶다. 재인이가 살아남은 사람들에게 일깨우고자 하는 진정한 사랑의 의미를 전하고 싶다.

재인아, 이제 우리도 만날 준비를 해야지

생사의 차이가 이리도 간결한 것을 무던히 애를 쓰며 살아왔습니다. 하늘이 지워 주신 짐의 무게와 고뇌의 깊이를 용케도 감내하더니 자그마한 행복의 기억들과 함께 이제는 모든 짐을 벗겨 주십니다. 험한 삶을 위로하던 처자는 모질게 살다 희망의 입구에서 스러지고 차마 간직할 수 없는 가없이 고운 추억들만 남겨 주었습니다.

세상을 붙잡으려다 처자를 버리고 이제는 처자를 부여안기 위해 세상을 버리려고 합니다. 불행한 사람의 삶에 뛰어들어 고생만 하던 고마운 아내, 아들의 뒤를 따라 다시 강으로 뛰어들었다는 아내처럼 저도 처자를 찾아 떠나려고 합니다. 이것은 사고 현장에 도착한 이래 강물을 바라보며 제 마음에 새겨 온 유일한 소망이었습니다. 행여 살아남아 보람된 일을 해야 한다는 생의 의무감을 생각지 않은 것은 아니지만 저의 세 식구가 지닌 쓰라린 사랑의 메시지보다 더 생생한 경종이 어디에 있겠으며, 살아남은 사람들에게 사랑을 일깨우고자 하는 생을 초월한 선택이 어찌 소극적인 결심일 수 있겠습니까.

처자의 삶의 자리를 차분히 정리하여 복받치는 설움으로 그들의 냄새를 흠뻑 마시며 남은 분들에게 짐을 덜어 드리고 싶었지만 저의 자리마저 그대로 남기게 되는 점이 안타깝습니다.

처자를 실어 간 섬강의 물결을 바라보며 제가 기원한 것은 처자

난, 너의 바람이고 싶어

를 다시 만나고자 하는 소망이 동요되지 않기를 바라는 것뿐이었습니다. 이러한 결심 이후로 살아남은 사람들의 애정어린 유대가 저를 괴롭힙니다. (……)

부디 처자를 따라간 저의 죽음을 애통해 하지 말 것을 당부드리며 오히려 세 식구의 하늘나라에서의 다시는 헤어짐 없는 만남과 행복을 기원하여 주시기를 바랍니다. 살아 계신 분들은 제가 없어도 능히 견딜 수 있지만 저희 세 사람은 함께 있지 않고는 살아갈 수 없기 때문입니다.

항상 헌신적이고 겸손하며 빈곤한 저를 풍요롭게 하던 가없이 고운 아내와 '아빠'하고 부르며 저를 향하여 달려오는 듯, 뒹굴며 씨름하자 조르던 아들, (……)

저희 세 식구의 주검은 가운데에 아들, 아들의 왼편에 아내, 오른편에 저의 순서로 나란히 관 하나에 묻어 주시고, 묘지는 장인어른의 뜻을 존중하여 주시고, 장례식 집행은 대전 빈들 교회의 목사님께 이미 부탁드린 바 있습니다. 저와 아내의 결혼반지는 그대로 끼워 두시기 바라고, 먼 훗날 저의 부모님과 장인, 장모님이 모두 돌아가신 후에 화장하여 강물에 띄워 줄 것을 부탁합니다.

사랑스런 아내와 자랑스런 아들을 다시 만날 것을 생각하니 더없이 평온하고 즐겁습니다.

재인아, 이제 우리도 만날 준비를 해야지

1990. 9. 11.
최영애의 남편이자 장호의 아비인 장재인 드림

　재인이의 유서를 다시 읽고 쓰니 몸이 떨려 온다. 25년 전에 죽은 재인이를 지금 다시 불러내는 일이 무슨 의미가 있을까 곰곰이 생각한다. 물론 그가 우리에게 남기고 간 아내와 자식에 대한 절절한 사랑이 첫 번째지만 이제 나는 재인이를 시인으로도 호명하고 싶다. 재인이의 유품을 정리하다가 우리는 그가 남긴 시작 노트를 발견했고, 공주사대 신문사 선배였던, 지금은 출판마케팅연구소 소장으로 일하는 한기호 형 등과 힘을 합쳐 유고시집을 출간했었다. 재인이의 여러 시 중에서 유고시집의 표제작 '그대여' 하나만 읽어 보자.

　그대여

장재인

오늘도 가고 어제도 갔다.
시간만 가고 마음은 남는 자리
내일을 캐면 토라지는

그대여 여기는 지금 어디쯤인가.

보는 이 없어 아직은 수줍은
핼쓱해진 뜻 언저리
어이해서 무쇠 같던 몸
안개처럼 녹아내리고
오늘도 생가지 하나
거덜이 나지만 아픔을 잃어
저어하는 고목
그대여 나는 이제 누구인가
대답하라
지금 여긴
마른 바람이 종일 덜컹거린다.
도시를 휘감은 산줄기
거대한 숯덩이로 꺼지며
죽는 연기를 뿜어 대고

무덤 같은 살덩이들이
감히 나를
샛길도 모르는 천치 바보라고

재인아, 이제 우리도 만날 준비를 해야지

빈정대다 잠이 들었다.
캄캄해질수록 더욱 또렷해지는
어두움에 빛나며
나는 묻노니

그대여 대답하라.

다음은 당시 내가 그 유고시집에 썼던 발문 중 일부다.

여러 가지 죽음이 있다. 며칠 전 새벽, 87년 구로항쟁으로 감옥
에 끌려갔다가 옥에서 얻은 위암과 처절히 싸우다 길지 않은 생
을 마감한 이가 있었다. 김병곤 동지. 그는 74년 민청학련 사건
으로 무기 징역을 받고도 꿋꿋이 민주화의 길에 온몸과 마음을 바
쳐 투쟁하다가 끝내 병으로 쓰러졌지만 실제로는 독재 정권의
타살이었다. 또 얼마 전 거의 한평생을 그가 믿는 이념과 양심을
지키느라 감옥 속에서 온갖 고문과 회유에도 목숨을 걸고 전향하
지 않고 있다가, 옥에서 겨우 나와 바깥에서의 삶을 오히려 견
디지 못하고 나무에 목을 매달아 자살한 이가 있었다. 장기수
할아버지, 정대철 씨. 또 인권 변호사로서 유신 독재와 5공 군부
독재를 온몸으로 헤쳐 나왔던 조영래 씨도 결국 폐암으로 쓰러졌

난, 너의 바람이고 싶어

고, 하루 종일 월세방을 구하러 다니다가 결국 자살한 가장도 있었다. 어떤 이들은 죽음은 그 누구도 피할 수 없다고도 하고, 자신을 지극히 사랑하는 이가 자살을 선택한다고도 하고, 자신이 처해진 환경과 처지의 어려움을 극적으로 표현하기 위하여 자살을 한다고도 한다. 어떤 이는 죽음으로서 삶의 나머지 반을 완성한다고도 하고, 어떤 이는 자살할 용기로 이 세상에 살아남으면 못할 일이 없다고도 하고, 자살하는 자는 자기밖에 모르는 철저한 이기주의자라고도 한다. 스스로 죽는 이는 겁쟁이라고도 하고, 스스로 목숨을 끊을 수 있는 동물은 인간밖에 없기 때문에 인간은 위대하다고도 한다. 내 친구 장재인은 자살했다. 아내와 아들을 섬강교 버스 추락 사고로 한꺼번에 잃고 의연히 대처하는 듯했으나 그의 아내와 아들의 주검이 놓였던 여주 고대병원 앞을 흐르는 강둑 위의 전봇대에 목을 매 스스로 길지 않은 삶을 마감했다. 내 친구 장재인은 죽었고 나는 지금 살아 그가 남긴 유고들을 묶은 시집의 발문을 쓰고 있는 중이다. 그는 죽었고 나는 살았다. 우리들이 사랑했던 재인이와 그의 아내 최영애와 아들 장호를 한꺼번에 남한강 공원묘지에 묻으면서 나는 참 많이 울었다. 재인이는 자신의 죽음에 대하여 애석해 하지 말라고 하였으나, 나의 아버지가 갑작스럽게 돌아가셨을 때보다도 더 서럽게 목 놓아 울었다. 학교 다니던 시절 함께 라면을 끓여 먹던 일이 생각나 울었

재인아, 이제 우리도 만날 준비를 해야지

으며, 설거지하기 가위바위보에서 내가 졌는데도 재인이가 설거지를 해 준 일이 생각나 울었다. 술 먹고 학교 앞 삼거리 길바닥에 뻗어 있을 때 나를 업고 산성동 꼭대기까지 올라갔던 일이 생각나 울었다. 그가 살았을 때 좀 더 친하게 지내지 못했던 것에 대하여 울었고, 그가 어렵던 시절 영애가 장호를 임신했을 때 돈이 없어 병원을 한 번도 못 가 봤다고 말한 것이 생각나 울었다. 하루 종일 목이 터지도록 떠들어도 돈은 되지 않았던 재인이의 대전 학원 강사 시절에, 나는 부부가 선생을 하며 제법 돈을 벌었으면서도 겨우 집에서 쓰다 남은 그릇 몇 개를 주고 돌아온 것이 생각나 울었으며, 아우 재을이 제수씨 금자와 공주에서 분식집을 한다고 돈이 필요하다고 재인이 전화했을 때 냉담했던 것에 대하여 울었다.

4.

그들 세 식구가 이 척박한 땅에 잠깐 동안 왔던 이유는 무엇일까, 우리가 아직도 살아 있는 이 세상에 그들 세 식구가 남기려고 한 이야기는 무엇일까, 장호의 짧은 삶을 통하여 하느님은 대체 무엇을 말하려고 한 것일까. 세상을 부여잡으려다 처자를 버리고, 영

92

원히 처자를 만나기 위하여 이 안타까운 세상을 버린 장재인 그리고 그의 아내 최영애, 아들 장호.

　지금은 완전히 잊힌 재인이의 유고시집을 다시 내주고 싶다. 가능할까? 나는 이제 그를 시인으로 호명하고 싶다. 가능할까? 시집 재발간 얘기를 하면서 한기호 형과 나눈 얘기가 다시 내 가슴을 친다.

　"이제 우리도 재인이 만날 준비를 해야지."

　그렇구나, 이제 우리도 벌써 재인이를 만날 준비를 해야 하는 나이가 됐구나. 재인이의 시집을 꼭 다시 내주고 싶다. 그리고 저승 갈 때 그 시집을 들고 가 25년이나 잊고 지냈던 것에 대해 재인이에게 용서를 빌고 싶다. 25년 전 그때 나의 속 좁음에 대해 꼭 용서를 빌고 싶다.

재인아, 이제 우리도 만날 준비를 해야지

수국 한 송이의
미소

최영신

최영신

국어교육과를 졸업하고 충남 청양의 청신 여자 중학교에서 일했다. 결혼과 함께 교단을 떠난 뒤 가톨릭대학교 교육대학원에서 독서교육을 전공하고 공부방에서, 작은 도서관에서 아이들과 같이 공부하고 가르치며 살았다. 그녀는 바느질을 잘한다. 바느질하는 그녀의 모습은 수행자 같다. 답답할 때도 어려울 때도 담담히 바늘을 잡고 그렇게도 아름다운 것들을 만들어 낸다. 그리고 맘에 들어 하는 사람에게 아무렇지도 않게 건네준다. 거친 들풀이 항아리 안에서 켜켜이 묵어 약이 되듯이 온갖 우여곡절과 파란이 그에게로 가면 한 땀 한 땀 수(繡)로 놓인다. 결국 우릴 구원한다는 아름다움이란 건 사람답게 쓰는 마음이란 걸, 그 마음의 힘이란 걸 알게 해 주는 사람이다.

산골 마을 여중생이었던
내가 대학교 새내기가 된 1985년 봄

　　　　　　수막새의 미소를 닮은 숙이를 만났다. 원하는
대학에 진학하지 못했다는 좌절감과 최루탄의 매캐한 연기 속에
서 내가 자발적 고립을 선택했을 때이다. 낯가림이 심한 나는 캠퍼
스 뒤쪽 솔밭 벤치에 앉아 보내는 시간이 많았다. 내성적인 성격을
등껍질 삼아 거북이처럼 잔뜩 웅크리고 앉아 보도블록의 틈바구
니에 낀 풀씨만 한 용기라도 내보려고 무던히 애써 보았다. 그날도
사범대생들이 더부살이 하던 문과 대학 입구에서 강의실에 들어

수국 한 송이의 미소

가기 힘들어 머뭇거리는데 그 애가 나를 불렀다.

"영신아, 강의 들어가니?"

계곡을 미끄럼 타고 내려온 명랑한 바람 같은 그 애의 목소리. 그때부터였다. 두려움과 좌절에 굳은 내 마음에 숨어 있던 용기가 고개를 내민 것이.

그렇다고 그 애와 내가 찰떡처럼 붙어 다닌 것도 아니다. 서슬 퍼런 정권의 부당함과 부패에 맞서 투쟁의 자리에 곧은 자세로 함께 앉아 있던 적도 없다. 그저 낯선 환경에 적응하는 하루의 일상이 힘에 부쳤던 나에게 그 애는 편안한 풍경처럼 멀리서 위로가 되었을 뿐이다. 그리고 미소를 지으며 가끔 말을 걸어오곤 했다. 선배와 교수님들 눈에 들기 위한 처세술에도 관심 없는 듯했다. 이득이 될 것 같은 아이들을 엮어서 자기편을 만들 생각도 없어 보였다. 심심하면서도 삶의 고단함을 조금은 아는 듯한 그 모습이 마음에 들었다.

그럭저럭 엄지손가락에 침을 발라 책장 한 장을 넘기듯 일 년이 지났다. 마냥 들떠 미팅을 하거나 억압된 시국에 울분을 터뜨리는 캠퍼스의 열정이 조금은 익숙한 일상의 풍경으로 자리 잡던 1학년의 겨울 어느 날 그 애는 갑자기 휴학을 한다고 했다. 나는 그 애가 말하는 휴학이라는 단어 속에 담긴 삶의 무게를 전혀 가늠하지 못했다.

난, 너의 바람이고 싶어

새 학기가 되고 그 애의 모습은 캠퍼스 어디에서도 보이지 않았다. 시간은 무심히 달음질쳤다. 철길 건너 과수원의 사과꽃들이 하얗게 피었다 지고 어린 사과가 여물어 어느덧 둥근 얼굴을 붉히는가 싶더니 서리 맞은 마른 잎들이 떨어져 내렸다. 가끔 수더분한 그 애의 얼굴이 생각났다. 그 애와 특별히 많은 시간과 공간을 함께한 기억이 없는데도 이상하게 그 애는 나의 마음 한구석에 옹이처럼 박혔다.

그 애는 있는 듯 없는 듯 친구가 많았다. 백아(伯牙)와 종자기(鍾子期) 같은 '지음(知音)'들이 있었다. 나는 그 애에게 지금도 '지음'이 되지 못한 부족한 벗일 뿐이다. 복수 전공을 선택하고 새로운 희망으로 대학 2학년을 지낸 것은 그 애가 남긴 그 넉넉한 미소 때문이었는지도 모른다.

나는 3학년이 되고 그 애는 2학년으로 복학을 했다. 그 애의 미소는 여전히 고추장 항아리를 익혀 주는 햇살처럼 다정했다. 그리고 그 애 옆에는 얼어붙은 마음을 녹이고 허물을 슬쩍 덮어 주고도 아무것도 모른다는 표정을 짓는 사람도 있었다. 그 애의 어깨를 깊이 받쳐 줄 속 깊은 사람이었다. 두 사람이 지닌 소박함이 흥부네 지붕에 매달린 박 같았다. 좋아하는 친구 옆에 다른 사람이 가까이 있으면 질투가 난다고들 하지만 나는 그 사람에게 그 애가 기댈 수 있어 좋다고 생각했다. 햇살도 하루 종일 그늘진 곳을 찾아 비춰

수국 한 송이의 미소

주다 보면 저물녘 신발 벗어 놓고 기대고 싶은 산골짜기가 필요하 겠지.

88 서울 올림픽의 환호성에 묻혀 대학 생활은 마무리됐다

어설픈 교사로 진땀을 흘리며 지낸 3년 후, 나는 한 사람에게 나머지 인생을 걸고 사표를 썼다. 한 남자를 선택한 순간, 오즈의 마법사에 나오는 도로시와같이 긴 여행이 내 앞에 펼쳐졌다. 즐거움과 동시에 어둡고 힘든 날들이 준비된 길이었다. 20대 후반, 숙이와 나는 아내라는 힘든 자리에 둥지를 틀고 아이를 낳아 품고 살았다. 그렇게 어른이 되었다. 그즈음 숙이가 충남의 소도시에 있는 학교 교사로 발령받았다는 소식을 들었다.

그 후 회오리바람 속에서 9년의 시간을 보낸 뒤, 나는 막막한 사막 한가운데 떨어진 것 같았다. 뇌가 없는 허수아비처럼 아무 것도 생각할 수 없었다. 사람에 대한 두려움과 상처는 몸과 마음을 굳어 버리게 했다. 내가 생각해 낸 유일한 해법은 죽음뿐이었다. 서른여섯 해 조각조각 부서진 삶을 도저히 맞춰 볼 힘이 없었다. 깨끗한 모습의 죽음을 찾기 위한 시간으로 하루하루를 살았다. 하지만

난, 너의 바람이고 싶어

어떤 죽음도 깨끗하지 않았다.

많은 이들이 등을 돌리고 연락을 끊었다. 자신들의 세계에서 멀어졌다거나 이득이 없다고 생각되면 오랜 시간 함께한 친구들도 차갑게 외면했다. 그러나 만년 빙하에 갇힌 신세처럼 춥고 외로울 때 손을 잡아 주고 살아야 할 이유를 만들어 주고 응원을 아낌없이 보내 준 지인들도 있었다. 다시 만난 숙이도 그들 중 하나였다.

그리고 선생님이 된
숙이를 다시 만났다

그녀가 내가 살고 있는 지역의 학교로 왔다는 소식을 듣고 지푸라기를 잡은 것 같았다. 그동안 소식 한 자 보낸 적 없는 내가 연락을 하는 게 너무나 부끄러웠다. 사람은 절박할 때마다 뻔뻔해지기 마련인가 보다. 용기를 내 전화를 했을 때 스무 살 어느 봄날 나를 불러 준 그 푸근한 음성이 16년을 뛰어넘어 내 귀에 들렸다. 부담스러워하거나 마지못해 받고 있는 거북한 목소리가 아니었다. 옆집에서 쭉 살아온 듯 평이했다. 그날 오후 그녀는 퇴근하자마자 내가 있는 곳으로 찾아와 아무 것도 묻지 않고 미소 지었다.

"우리 맛있는 거 먹자."

예전과 다름없는 그 목소리에 안도하면서 나는 오랜만에 배부르게 먹었다. 그녀의 집에 갔을 때 엄마를 닮은 어린 딸아이는 태어나 처음 본 나를 이모라고 불렀다.

"이모, 외로우면 우리 집으로 빨리 와. …… 아니다, 이모 그냥 우리 같이 살자."

어린 친구의 그 말이 그늘진 내 얼굴을 예쁜 친구, 예쁜 이모로 둔갑시켜 주었다. 다시 살아야겠다는 생각을 갖게 되었고, 참을 수 없는 고통을 견딜 만한 방법을 찾기 시작했다. 음주가무나 운동에는 도통 소질이 없고 역동적인 몸도 아닌지라 고민 끝에 독서와 관련된 공부를 하게 되었다. 가진 것 없이 시작한 대학원 공부는 밤낮을 가리지 않고 일해야 학비를 댈 수 있었다. 공부에 빠진 그 순간만은 근심을 발밑에 내려놓을 수 있었다.

하지만 그때부터 내 몸은 계속되는 피로를 감당할 수 없어 반란을 일으키기 시작했다. 심각한 갑상선 기능 항진증으로 일상적인 움직임조차 버거울 정도였다. 천천히 걸어도 백 미터를 전력 질주한 것처럼 숨이 차고 손은 심하게 떨렸다. 이제 겨우 희망의 꼬리를 붙잡았는데 놓아야 하나.

난, 너의 바람이고 싶어

그때도 숙이는
똑같이 옆에 있었다

숙이는 우리 함께 일할 수 있는 기회가 드디어 왔다면서 잡아끌었다. 기간제이지만 오랫동안 떠나 있던 학교에서 친구와 일을 하는 그 시간은 즐거웠다. 내 자신이 어느 곳에서도 필요하지 않고 반겨 주는 곳도 없을 거라는 절망 속에 있던 시간들을 조금씩 극복할 수 있었다. 걸음마를 배우는 어린아이처럼 세상에서 홀로 서는 방법을 배워야 했지만 숙이의 따뜻한 손길이 있어 두려움을 이겨 낼 수 있었다.

어린 두 아이와 한부모 가정의 가장으로 힘들게 살아가는 동안, 숙이는 넉넉지 않은 살림을 덜어 내 필요한 것들을 채워 주곤 했다. 주머니에 백 원짜리 동전 하나 없을 때면 지갑을 열어 가진 돈을 모두 털어 주고 빈손으로 돌아가기도 했다. 나는 숙이가 남긴 바보 같은 미소를 떠올리며 힘든 시간을 넘겼다. 물질적인 빈곤뿐만 아니라 세상의 편견과 호기심으로 허기가 질 때마다 숙이와 밥을 먹었다.

그러나 산 넘어 산이었다. 하루를 버티며 산다는 말을 지독한 현실로 받아치며 살던 마흔한 살의 가을, 나는 위암 진단을 받았다. 다른 사람들은 평생 한 번 겪을까 말까 하는 힘든 일들이 나에게는

수국 한 송이의 미소

종합선물세트로 찾아왔다. 어린 아이들을 남기고 떠날 수 없다는 생각에 눈물만 흘릴 수가 없었다. 어떤 이는 어려서 어려움 없이 살았으니 나이 들면서 고통을 겪는 거라고 얄미운 말을 차갑게 던지기도 했다. 또 어떤 이는 내 신앙생활이 게을러서 하나님이 경고장을 보내는 거라고도 했다. 사람들은 그렇게 잔인한 언어들을 교훈이라도 되는 것처럼 가슴에 꽂고 등을 돌렸다.

"괜찮아."

숙이의 말은 상처에 '마데카솔'을 바르는 것처럼 새살이 돋는 마술을 부리곤 했다. 삶과 죽음의 경계에 서 있는 내 발을 삶의 안쪽으로 옮겨 놓아 주었다. 온갖 상처를 다 보이며 흐르는 고름과 진물을 숙이에게 내맡긴 셈이다. 숙이에게도 신산한 풍파가 비껴가지 않았으나 내 상처가 아파서 그녀가 처한 상황은 둘러볼 엄두도 내지 못했다. 숙이가 병원에 입원을 했을 때 문병도 가지 못했다. 궁색한 변명도 내놓을 것이 없다. 참 미안하다. 그런데도 나는 여전히 숙이를 그리워하며 산다.

난, 너의 바람이고 싶어

'퀼트'라는
바느질을 시작했다

　　나이에 이자를 붙여 가며 점점 넓어지는 몸을 감싸 줄 옷도 만들고 자질구레한 일상을 담아 들고 다닐 가방도 만든다. 터지고 찢어진 내 삶을 맵시 있게 꿰매고 싶은 욕심을 부리는 것이다. 하나님께 쪼금 세낸 솜씨인데 숙이는 요란스런 칭찬으로 나를 예술가로 만든다. 과장된 칭찬에 중독이 되어 진짜 대단한 바느질장이가 된 착각에 빠져 히죽거리기도 한다. 숙이는 내가 만들어 준 가방을 명품이라도 되는 양 자랑스럽게 들고 다닌다. 같은 학교에 근무하는 선생님들께 친구가 만들어 준거라고 으쓱거리며 어린애처럼 자랑한단다. 여선생님들 사이에 바느질을 유행시키는 웃지 못할 풍경도 만들었다나. 이거야 원, 근무 태만으로 시말서라도 쓰게 되는 거 아닌지 모르겠다. 학교 밖 사람들과 만난 자리에서도 자랑을 하다가 귀여운 사고를 치기도 한다. 누군가 가방에 깊은 관심을 보이고 예쁘다고 하면, 얼씨구나 자랑을 하다 그만 줘 버리고 오는 것이다. 맘 좋은 사고뭉치는 전화를 해 근심 어린 목소리로 애교를 떤다.

　　"영신아, 자랑하다가 하도 예쁘다고 해서 그만 그 사람한테 주고 왔어. 그런데 우리 학교 선생님들이 그러는데 선물 받은 퀼트

수국 한 송이의 미소

가방을 다른 사람 주면 절교를 당한데…….”

“어…… 다음부터는 그러면 안 돼.”

그 정도 선에서 사건을 마무리 하지만 아무래도 또 사고를 칠 것 같다. 예수님의 사랑은 주고 돌려받는 것이 아니라 이 손에서 저 손으로 흐르게 하는 것이라고 한다. 친구가 계속 사고를 쳐서 내 부족한 손재주로 누군가의 일상이 가지런히 담길 수 있다면 족한 일이다. 그러고 보니 그녀는 나에게 아주 특별한 고객이자 홍보 대사이고 후원자다. 예술인 후원이라며 가끔씩 슬그머니 용돈을 쥐어 주고 간다. 바느질을 가르쳐 주시는 선생님께 어깨를 으쓱거리며 나는 ‘예술인 후원금을 받는 작가’라고 한바탕 웃겨 주고 아이스크림을 쏘기도 한다. 그녀는 그렇게 나를 근사하게 세워 주고 자신은 말 없이 여백으로 남아 준다.

여러 해 전 그녀의 두 번째 산문집 출판 기념 모임을 천안에 있는 시골의 한 작은 교회 마당에서 한 적이 있었다. 그날 분위기는 오랫동안 만나 온 그녀의 모습처럼 따뜻했다. 그녀가 살아온 흔적을 보여 주듯 모여든 사람들의 소속도 다양했다. 목사님, 수녀님, 스님까지, 종교와 계층을 떠나 한마음으로 축하해 주었다. 제자들과 그 아이들의 학부모님들이 손수 만든 먹거리를 한 가지씩 가지고 와서 잔치를 벌였다. 한 송이 꽃처럼 아름답게 어우러지는 풍경 가운데 내 모습이 함께 있어서 행복했다. 세상의 어떤 고상하고 화

의아해 하는 나에게 "장미로 채울 수 없는 것을
수국이 풍성하고 우아하게 해 준다." 그렇게 말했다.
아! 그 순간 나는 낯익은 수국 한 송이의 미소를 떠올렸다.
숙이는 한 송이 수국이었다.
소리도 빛도 없이 옆에 서서 고단한 생을
한 다발 꽃이 되게 하는 사람이었다.

려한 꽃에서도 얻지 못할 위로가 있다고 느꼈다.

　얼마 전 꽃다발이 필요해 꽃 예술가인 지인에게 부탁을 했다. 꽃을 매만지던 지인은 장미 다발에 난데없이 커다란 수국 한 송이를 넣었다. 의아해 하는 나에게,

　"장미로 채울 수 없는 것을 수국이 풍성하고 우아하게 해 준다."

그렇게 말했다. 아! 그 순간 나는 낯익은 수국 한 송이의 미소를 떠올렸다. 숙이는 한 송이 수국이었다. 소리도 빛도 없이 옆에 서서 고단한 생을 한 다발 꽃이 되게 하는 사람이었다.

난, 너의 바람이고 싶어

나를
걷게 하는 것들

강영진

강영진

남해에서 태어나 부산에서 학창 시절을 보냈으며, 울산에서 국어 교사로 생활하고 있다. 남해, 부산, 울산까지 내 삶의 공간에는 늘 바다가 있었다. 그래서 바다에 대한 동경과 그리움을 안고 살아간다. 남해의 푸른 바다를 그리워하지만, 선뜻 길을 나서지는 못한다. 삶의 속도에 생각이나 사유가 따라가지 못해 매번 헉헉거린다. 이런 나를 매번 일으켜 세우는 것은 주변의 아름다운 사람들이다. 가족들, 친구들, 동료들, 학생들. 그들에게 빚진 느낌을 가지고 있지만 건조한 성격이라 표현은 잘 하지 않는다. 한때 시와 소설을 쓰던 문학 소녀였던 적도 있으나 지금은 재능 있는 이들의 아름다운 글들을 읽으며 행복해 한다.

바람이 불었다

어깨에 놓인 삶이 힘겹다고 느껴질 때 등을 조금씩 미는 바람 같은 것들이 있다. 그 바람이 때로 내딛는 걸음을 조금 가볍게 한다. 혼잡한 머릿속에서 가끔 떠오르는 따뜻한 사람들에 대한 추억이나 지금 내 손을 잡고 걷는 딸 세희의 작은 조잘거림 같은 것들. 어린 시절 뛰어놀던 남해 개펄의 갯내, 어머니의 한숨 서린 자식 걱정 같은 것들. 제자들의 귀여운 애교나 다정한 친구의 작은 격려 같은 것들. 무겁게 걸음을 떼는 내 등을 밀며 조그만 목소리로 '괜찮다'며 속삭인다. 모든 기억들은 머릿속에서 편집되어 아픔도 아련한 아름다움으로 변신시키기도 한다. 그래서 혼자 걷는 길이 외롭지 않다. 내가 걸을 때마다 등을 미는 바람 같은 이야기들. 지극히 사소해서 흔적조차 남아 있지 않은 이야기지만 나를 걷게 하는 것들.

삶은
언제나 아름답다

외가(外家)는 남해 수장포 언덕에 있었다. 그곳에서는 남해의 푸른 바다를 하루 종일 볼 수 있었다. 집 뒤의 조그만 동산에는 외할머니, 외할아버지께서 가꾸시던 여러 가지 채소와 과일이 계절마다 가득했다. 여름에는 따뜻한 호박전을 만들어 주셨고 겨울에는 멀리서 온 손자들을 위해 다락 속 곶감을 꺼내 주셨다. 우리는 외할아버지, 외할머니가 무엇이든 내주시기만 하는 것을 너무나 당연하게 받았다. 가을이면 유자와 단감이 집으로 배달되기도 했다. 유자 향이 온 집 안에 가득 차고 엄마는 유자청을 여러 병 만드셨다. 그때를 뒤돌아볼 때마다 시큼하고 쌉싸름한 유자 냄새가 마음을 가득 채운다.

4월 1일, 언론에서는 장국영의 자살을 보도하고 있었다. 그날,

난, 너의 바람이고 싶어

외할아버지의 죽음은 거짓말처럼 어머니의 떨리는 목소리로 전해졌다. 따스한 봄볕 아래에서 연분홍 벚꽃 잎이 바람 따라 흩날리던 계절이었다. 제대로 눈을 뜰 수 없었던 것은 햇볕에 눈이 부셨기 때문만은 아니었다. 그리고 4월, 진주의 화장터 모니터에서 할아버지의 주검은 불구덩이로 던져졌다. 가족들의 흐느끼는 소리는 어느새 커다란 울음으로 변해 가고 있었다.

모든 것이 불타고 마지막까지 남은 것은 가녀린 허리에 박혀 있던 철심이었다. 허리 디스크로 일어나실 수 없었던 외할아버지는 등뼈에 철심을 박는 수술을 하시고는 쇠약해지셔서 한참을 일어나지 못하셨다. 뼛가루 속에 남아 있던 시커먼 철심이 눈에 꽂혀서 아직까지 지워지지 않는다. 벚꽃 한 잎이 바람 따라 날리던 햇볕 찬란했던 봄날이었다.

외할머니는 늘 편찮으셨다.

어머니는 초등학교 5학년 겨울, 외할머니를 업고 읍내의 남해 병원까지 뛰었다. '우리 엄마만 살려주면 무엇이든지 하겠습니다.'며 하느님께 빌었다는 이야기를 지금도 가끔 하신다. 외할머니는 자주 병원 신세를 지셨다. 그때마다 남편의 보살핌을 받아야 했다. 외할머니를 간호하던 외할아버지가 먼저 돌아가실 것이라고는 아무도 생각하지 못했다.

내가 마지막으로 외할아버지를 뵌 것은 시린 바람이 불던 겨울이었다. 허리가 아파서 일어날 수 없었던 외할아버지는 수술을 하고 입원을 하셨다. 이제껏 외할머니를 간호하던 외할아버지가 도리어 외할머니의 간호를 받으며 병원에 계신 것이다. 짧게 방문을 하고 서울 신림동 고시원으로 떠나온 날 외할아버지의 희미한 웃음이 내내 떠올랐다.

그 겨울에 쓰러져 수술로 외할아버지 등에 박힌 그 철심이 화장터에서 미처 타지 못했던 것이다. 그것은 상처처럼 남아 가족들 모두의 마음을 찌르고 있었다. 어머니는 연약한 분에게 괜히 수술을 권해서 더 힘들게 했다며 오래도록 아파하셨다.

그로부터 8년이 지나 외할머니도 돌아가셨다. 자녀들의 집을 전전하며 어느 한 곳에도 마음을 두지 못하고 외할아버지가 계시지 않는 남해 수장포 집에 한참을 계셨다. 생의 동반자를 상실하고 나서는 물을 주지 않는 나무처럼 조금씩 몸이 말라서 돌아가신 것이다. 평소 몸이 약해 늘 병과 함께하셨던 외할머니는 그렇게 외할아버지를 따라가셨다. 늦봄의 따뜻한 햇살과 함께였다.

외할아버지와 외할머니는 사이가 좋은 부부셨다.

두 분은 말씀하실 때도 조근조근 부드러웠고 항상 서로의 곁을 떠나지 않으셨다. 사소한 말다툼조차 보지 못했다. 어머니는 가끔 옛일을 회상하며 두 분의 다툼과 어머니의 어린 시절을 이야기하셨지만 나에게는 두 분의 치열했던 젊은 시절보다는 삶의 마지막 모습들이 기억에 남아 있다.

지금 두 분은 남해 납골당에 함께 모셔져 있다. 발걸음을 숙연하게 만드는 것은 삶의 끝자리에서 보았던 아픔과 가냘픔 그리고 아름다움이었다. 무엇을 크게 이루어서가 아니라 삶의 모든 순간들은(그것이 죽음일 때조차) 아름답고 경건하다.

배움에 대한 갈망이 가득한 소녀는 나이 들지 않는다

"연자야!"

큰방에서 할아버지께서 부르셨다. 부엌 아궁이에 불을 지피고 있던 여자 아이는 곧바로

"예!"

라고 대답했다. 한겨울 추위에 담배 심부름을 가는 소녀의 볼이 금세 발갛게 달아올랐다. 하교하던 동무와 마주칠까 봐 잰걸음을 하지만 겨울의 바닷바람이 너무 세서 발걸음에 속도가 영 붙질 않는다. 저쪽에서 마주 보며 오는 교복 입은 친구를 보면 부끄러워서 피했다. 학교 다니는 내내 영리하다고 선생님과 친구들로부터 사랑을 받았던 아이여서 더 그랬다.

밭을 매다가, 교복을 입고 가방을 멘 채 등굣길을 서두르는 친구들이 그렇게 부러울 수가 없었다. 남아 선호 사상이 팽배했던 섬 동네에서 여자 아이의 영리함이 눈에 보일 정도였다고 하더라도 학교에 보내는 것이 쉽지 않았을 것이다. 아래로는 줄줄이 동생들이 있었고 어머니는 내내 아파서 자리에 누워 계신 경우가 많았다. 위로는 할아버지와 할머니가 계셨고 집안일은 해도 해도 끝이 없었다. 고작 십 대 초반의 어린 소녀에게 지워진 짐은 너무나 무거웠지만 병석에 계신 어머니가 낫기만 바라며 견뎌 냈다.

결혼은 부모가 정해 준 사람과 했다.

스물두 살 겨울,

읍내에 가서 약혼 사진을 찍고 마당에 병풍을 치고 결혼식을 올렸다. 두 살 많은 키 크고 잘 생긴 청년이었지만 7남매 중 맏이라 그 전보다 노동의 분량은 더 많아졌다. 끼니마다 그녀의 손끝만 바라보는 수많은 입들을 해결해야 했다. 시금치 하나로 여러 가지 반찬을 만들던 이야기를 가끔 어머니는 무용담처럼 꺼내곤 하신다. 나는 지금도 어머니의 모습에서 그 시절의 소녀를 본다. '배움에 대한 갈망이 가득한 소녀'는 예순이 넘어서도 어머니 속에서 계속 자라고 있는 것 같다.

할머니는 늘 어머니를 괴롭히는 악역으로 등장했다. 무심한 남편에게 기대할 것이 없었던 다정하고 세심한 어머니는 나날이 지

난, 너의 바람이고 싶어

처 갔다. 장남에게 바라는 것이 많은 할머니와 할 만큼 하는 것 같은데 좋은 말보다는 싫은 소리를 더 많이 듣던 어머니의 갈등은 세월이 흐를수록 깊어만 갔다.

아버지는 퇴직을 하고 더 이상 부산에서는 일자리를 구할 수 없었다. 그래서 할머니가 계신 남해로 내려가기로 결정하셨다. 어머니는 달가워하지 않으셨지만 친구들과 집을 놔두고 그 곳으로 함께 가서 생활을 하신다. 오래 떨어져 있는 동안 할머니와 어머니의 골은 깊어만 갔다. 그 골은 함께 생활하는 시간이 많아지면서 크고 작은 다툼들을 만들어 냈고 그 다툼들은 점차 큰 싸움으로 변하기도 했다. 마침내 어머니는 못 살겠다며 다시 부산으로 오시기도 했다.

하지만 세월은 갈등만 만들어 내는 것은 아니었다. 서로에 대한 이해와 관심도 깊어져서 할머니는 오랜만에 방문한 내 손을 잡고 항상 목욕을 시켜 주고 끼니를 챙겨 주는 어머니에 대한 고마움을 나타내기도 하셨다.

얼마 전에 어머니는 할머니를 간호하려면 필요할 것 같다며 '노인 요양사' 시험을 치르고 마침내 합격했다. 인터넷 강의를 들으며 시험공부를 하고 동생의 아이를 돌보고 남해에서 농사일도 하면서 이루어 낸 성과였다. 분명 일흔이 다 되어 가는 노인이 '노인 요양사' 시험에 합격하고 화사하게 웃을 때, 나는 배움에 대한 갈망이 가득했던 어린 소녀의 모습을 새롭게 만날 수 있었다. 세월은 흘러도 소녀는 나이 들지 않고 어머니 안에서 늘 존재하는 모양이다.

심술쟁이 꼬맹이에서
믿음직한 세 딸의 엄마가 되다

여섯 살 어린 여동생 영아는 늘 애물단지였다. 나 역시 또래 친구들과 함께 놀고 싶었지 어린 여동생의 비위를 맞춰 가며 시간을 빼앗기고 싶진 않았다. 대문 밖만 나가면 울면서 따라오는 동생은 귀찮고 힘든 존재였다.

어느 날 미혜와 약속이 있던 나는 영아가 방에서 한눈을 파는 새 재빨리 밖으로 나와 친구 집으로 갔다. 곧 내가 없어진 것을 알고 동생은 울면서 따라 나왔다. 그러나 나는 있는 힘껏 달려 미혜네 집으로 가 버렸다. 걸리적거리는 동생 없이 친구와 오랜만에 학교에서 하지 못했던 이야기들을 하고 고구마도 구워 먹으며 놀았다. 간만에 만난 홀가분함이었지만 마음 한 켠에는 동생에 대한 미안함도 있긴 했다. 신나게 놀고 돌아온 다음부터 삐친 동생을 한참 동안 달래 주어야 했다. 유년 시절은 늘 동생과의 숨바꼭질로 기억된다.

난, 너의 바람이고 싶어

세월이 흘러 어른이 되었고 각자의 가정을 꾸리면서 조금씩 소원해졌지만 애정은 오히려 더 깊어졌다. 서로에 대한 이해의 폭이나 안타까움, 그리움 등은 늘기만 해서 만나서 실컷 이야기하며 놀았어도 헤어질 때는 아쉬움에 눈가를 적셨다.

아이를 특별히 좋아하던 동생은 결혼을 하고 아이가 한참 생기지 않아 힘들어 했다. 처음에는 자연스럽게 생길 것이라고 생각하다가 나중에는 온갖 좋다는 약을 찾아 헤매기도 했다. 결국 시험관 아기 시술로 5년 만에 쌍둥이를 가지게 되었다. 하지만 7개월 차에 접어들었을 때 뱃속의 생명체들은 무엇이 그렇게 급한지 엄마의 몸에 상처를 내며 세상에 태어났다. 겨우 1킬로그램 남짓한 신생아들이 인큐베이터에 들어가 치료를 받았다. 동생은 자신의 탓이라며 여름 내내 눈물을 흘렸다. 게다가 먼저 태어난 아이는 지병을 가지고 있었다. 그 가냘픈 몸에 칼을 대고 심장 수술을 했다. 생명의 힘은 엄청난 것이어서 다행히 아이는 수술을 견뎌 내고 건강해졌다.

어릴 때 나를 따라다니며 징징대던 동생이 그렇게 순식간에 어른이 돼 버렸다. 여름 내내 베개를 적시며 아이들 때문에 눈물을 흘리던 그녀는 퉁퉁 부은 눈으로 잘 키울 수 있다고 스스로를 다독이더니 지금은 누구보다도 강해졌다.

삶이란 누구도 예측할 수 없는 것인가 보다. 아이를 가지기 위해

나를 걷게 하는 것들

그렇게 노력할 때는 잘 되지 않더니 딸 쌍둥이만을 잘 키우겠다고 결심한 순간 다시 생명체 하나가 더 잉태되었다. 2년 만에 세 딸의 엄마로 변신한 것이다.

지금도 그렇다. 세 아이를 바쁘게 따라다니며 우유를 타고 기저귀를 갈고 잠을 재우는 그녀를 보면 어린 시절의 심술쟁이 꼬맹이가 겹쳐지지 않는다. 언니를 부르며 내 뒤만 졸졸 따라다니던 그 아이는 없고 세 딸의 믿음직한 엄마만 존재하는 것 같다.

딸 세희와
함께 걷다

얼마 전에 딸 세희와 토피어리를 함께 만들며 색색의 돌을 쌓았다. 우리 세희가 만들어 가는 삶의 층들이 이처럼 아름다웠으면 좋겠다. 식물 하나도 제대로 키우지 못하는 엄마를 걱정하며 딸이 말했다.

"잘 키울 수 있을까요? 혹시 죽으면 어떡하죠?"

토피어리에 이름을 지어 주고 물을 넣으며 잘 자랄 것이라는 믿음을 가지고 열심히 가꾸면 잘 커 갈 것이라고 토닥여 주었다. 아이는 그제야 겨우 안심을 하고 이름표를 붙인다.

122

난, 너의 바람이고싶어

나를 걷게 하는 것은 거창한 희망이나 의지가 아니라
외할머니와 외할아버지의 마지막 모습,
어머니 속에 영원히 살 것 같은 한구월 기특한 소녀,
세 아이를 키우는 여동생의 무한한 힘,
내 딸의 외로운 눈빛 같은 것들이다.
오늘도 나는 길을 나선다.

사람 사이의 관계도 식물을 키우는 것과 마찬가지다. 햇볕을 주고 물을 주고 바람을 쐬어 주어야 한다. 늘 가까이에서 지켜보고 살피고 사랑해야 한다. 무덤덤하게 지내다가는 어느 순간 시들어 버리거나 생명을 잃어버리고 만다.

수줍어서 아무에게나 쉽사리 다가가지 못하는 것은 천생 나를 꼭 닮았다. 아이가 4학년 내내 친구들 문제로 아파했으니 어느새 사춘기라도 들어선 걸까. 혼자여서 외로움을 달랠 곳도 없는데 학교에서 돌아온 엄마는 아이의 마음을 감싸 줄 만한 에너지를 가지고 있지 않았다.

"엄마, 함께 걸으려면 믿을 수 있는 사람이어야 할 것 같아요."

지난 가을, 울산 대공원 길을 걸으며 아이는 인생의 진리를 깨달은 성인(聖人)처럼 고요한 표정으로 말했다.

"믿을 수 없는 사람과는 같이 걸을 수 없죠. 내 말을 잘 들어주고 내 마음을 믿어 주는 사람이라면 오래 같이 걸을 수 있지 않을까요?"

시린 겨울바람에 차갑게 언 딸의 손을 잡아 호주머니에 넣으니 금방 온기가 돈다. 내 손 안에서 꼼지락거리는 딸의 손길을 느끼며 걷는 길은 어쩐지 든든하고 행복하다. 종알종알 자기 이야기를 늘어놓을 때마다 그 소리가 너무 고와서 눈물겹다. 고작 십 년을 산 딸에게도 삶은 녹록하지만은 않다는 것을 느끼면 나는 괜스레 죄

난, 너의 바람이고 싶어

스럽다. 아무 걱정 없이 밝은 웃음만 가득하기를 바랐지만 세상의
어둠을 너무 빨리 알아 버렸다. 하지만 그 어둠을 뚫고 나갈 힘도
아이 안에 가득할 것이라고 믿는다.

바람이 불었다.
나는 커다란 배낭에 메고 길을 나선다. 걸을수록 가방에 담기는
것은 많아져서 무겁게 한 걸음씩 움직여야 한다. 이제는 더 이상
못 걷겠다며 그만두고 싶을 때마다 등을 떠밀어 주는 것은 사랑하
는 혹은 사랑했던 사람들의 이야기들이다. 나를 걷게 하는 것은 거
창한 희망이나 의지가 아니라 외할머니와 외할아버지의 마지막
모습, 어머니 속에 영원히 살 것 같은 학구열 가득한 소녀, 세 아이
를 키우는 여동생의 무한한 힘, 내 딸의 외로운 눈빛 같은 것들이
다. 오늘도 나는 길을 나선다.

나를 걷게 하는 것들

잃어버린

소문을 찾습니다

정지영

정지영

인삼 텃밭 금산에서의 여고 시절, 그의 스승들은 말 없이 공부만 하던 창백한 소녀로 기억한다. 전혜린의 광기 어린 글과 기형도의 시를 읽으며 하얗게 밤을 새우던 열아홉 소녀는 국문학도를 동경하며 대학에 진학한다. 비사대 출신으로 교원자격증을 받은 그녀는 학창 시절 동경해마지 않던 중학교 은사 박은영 선생님을 기억하며 교사의 길을 걷고자 결심한다. 서른 즈음부터 평범하게 살아가기가 가장 어렵다는 것을 하루하루 깨달으며 학생들 사이에서 울고 웃고 살아가지만 가끔은 교무실 복판에서 자발적 유배자가 되어 외딴섬처럼 문장의 행간에 빠지는 독서파 교사다. 이 책이 출간될 연둣빛 봄 그즈음, 그는 새 생명의 어머니가 된다.

첫 번째
묶임

"애들을 엄니랑 꽁꽁 묶어야 쓰겄네."

어머니는 특유의 전라도 사투리로 아버지에게 말하셨다. 아버지는 수저만 올리실 뿐 말씀이 없으셨다. 나는 그런 아버지의 모습을 보며 나와 동생을 지금 사는 곳보다 더 시골에 살고 계신 할머니께 보낸다는 것쯤은 아는 눈치 빠른 아이였다. 그리고 순순히 복종해야만 부모님이 돈을 벌 수 있다는 것도 아는 기특한 딸이었다. 할머니와의 동거는 그렇게 원치 않게 시작됐다.

금산 우향리는 20여 가구가 모여 살았고, 읍에서 버스를 타고도 20여 분을 더 들어가야 나오는 깊은 오지였다. 어머니는 우향리 동네 입구 '다리'를 근거로 "복 달아나는 데."라고 말하곤 해서 찝찝하기도 했다. 그리고 할머니는 '깐깐'하다고 했다. 어머니는 할머니와 사이가 좋지는 않았던 것 같다. 어머니가 할머니에 대해 부드럽게 말한 적은 거의 없었으니까. 어쨌든 찝찝한 동네에서 깐깐하다는 할머니와의 동거는 그렇게 시작됐다. 나는 일곱 살. 할머니는 예순이었다.

일곱 살인 나와 여섯 살인 동생은 그렇게 어머니 말 한 마디로 할머니와 꽁꽁 묶였다. 입이 튀어 나오고 깡마르고 목소리가 카랑카랑했으며 어머니와 종종 말싸움을 해서 '깐깐'이란 단어를 눈으로 보여 준 할머니와의 삶은 호락호락하지 않을 것 같았다. 그럼에도 동생을 잘 돌봐야 한다는, 어머니가 남기고 간 말에 난 일종의 누나로서 사명감과 생존 의식을 느꼈다.

사실 생존이란 게 별 게 아니고 내가 할머니의 비위를 맞추는 일이었다. 한글도 줄줄 읽고 숫자 셈도 하던 나는 깐깐하고 어머니만큼 좀 세 보이는 할머니 앞에서 똑똑한 척을 해 댔다. 골다공증, 고혈압 등 각종 고질병을 앓고 있던 할머니는 '약님'을 신봉하고 있었다. 마을에서 집사님으로 불리던 할머니가 교회에 나가,

난, 너의 바람이고싶어

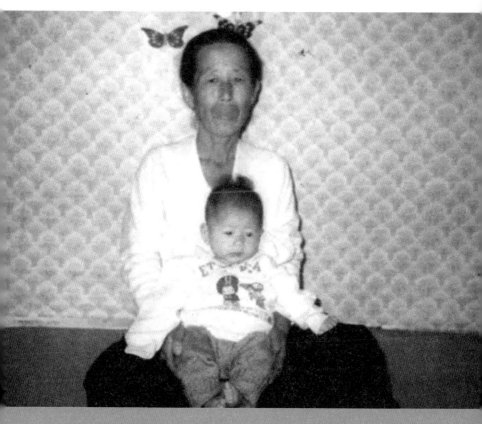

금산 우항리는 20여 가구가 모여 살았고,

읍에서 버스를 타고도 20여 분을 더 들어가야 나오는 깊은 오지였다.

어머니는 우항리 동네 입구 '다리'를 근거로

"복 달아나는 데."라고 말하곤 해서 찜찜하기도 했다.

그리고 할머니는 '깐깐'하다고 했다. 어쨌든

찜찜한 동네에서 깐깐하다는 할머니와의 동거는 그렇게 시작됐다.

나는 일곱 살. 할머니는 예순이었다.

"저를 어서 주님 곁으로!"

를 부르짖다가도 집에서 약으로 실천하는 생명 연장의 집착을 보면서 기가 막혔지만 난 할머니 약을 챙겨 주고 알알이 세어 주면서 이쁨을 받았다.

"기특한 것!"

할머니는 어린 것이 시계를 볼 줄 알고 숫자 셈을 한다는 것을 무척 신기해 했고, 성경 구절을 척척 찾아내는 것에 대해 손녀딸에 대한 무한 신뢰를 보내기도 하셨다. 가끔 할머니가 이뻐 죽겠다는 표정과 잇몸으로 내 볼을 깨물 때는 비린내가 나서 움츠리기도 했지만 참을만 했다. 내겐 일종의 생존이 달린 문제였기 때문이다.

할머니와 함께 살게 되면서 우향리 아이들과도 친해져야 했다. 내 또래는 단 한 명도 없었고 한두 살 터울 나는 언니, 오빠 아니면 동생들이었다. 아이들과 노는 것은 별 문제가 없었으나 가끔 끼어드는 할머니가 문제였다.

내 동생은 미련하고 눈치 없는 구석이 있어서 툭 하면 동네 애들한테 얻어 터져 울고 들어왔다. 내가 함께 싸워도 가끔은 역부족일 때가 있어 나도 울고 들어오는 날이면 할머니는 동네 모든 아이들을 할머니 집 정지(부엌)로 불러들였다. 부뚜막에 쪼르르 앉힌 후 정지 문을 닫으면 한낮에도 깜깜했다.

"느들 왜 우리 손자 때렸니? 혼나야 되겠구나? 이 느자구 없는 새끼 놈들이!"

'느들'로 시작해 '새끼'로 끝나던 할머니의 카랑카랑한 호령이 따다다 터질 때마다 입 주변에는 늘 곶감에 낀 백태처럼 흰 뭔가가 끼어 있었다. 텔레비전 만화 '영심이'에서 영심이가 화나면 변하는 괴물 같기도 해서 할머니가 그럴 때는 나도 좀 무서워했다. 그래서 붙여진 우리 할머니의 별명은 '싸나운 할머니'였다. '사납다'에 쌍시옷을 붙여서 '싸가지 없다' 할 때 그것과 같은 느낌이라 별로였다. 그리고 '싸납다'는 어른들 세계의 단어인 줄 알았는데 애들이 불러 대니 '어른인 척' 하는 것 같아 웃기기도 했다.

"얘는 건드리면 안 돼. 얘네 할머니 싸나워."

"너네 할머니가 싸나워서 제일 싫어."

동네 애들은 가끔 이런 말로 날 왕따시켰고, 선을 그어 댔다. 그러나 나는 아이들에게 소외되지 않고 함께 놀아야 했으므로 덩달아 할머니를 같이 욕했다. 신랄하게 비난하는 아이들과 동조하고 가끔 미련스럽게 얻어 터져서 울어 버리는 동생 입을 틀어막았다.

어느 날 우리 동네에 승우라는 여섯 살 남자아이가 우리처럼 할머니 집에 살러 왔다. 승우는 아빠가 교도소에 있고, 엄마는 다른 남자랑 결혼했다고 했다. 이런 승우의 불우한 가정사는 승우 친할머니에게 '불쌍한 내 새끼'가 되어 버렸고, 동네 아이들이 승우를

울리기라도 한 날에는 어른 싸움이 꼭 일어났다. 우리 할머니도 예외는 아니었다. 동갑이던 내 동생과 승우는 자주 놀았는데 그 끝은 꼭 싸움이었다. 승우가 울고 집에 들어간 날 밤 승우 할머니는 소리를 고래고래 지르면서 우리 집으로 들어섰다.

"당신네 손자가 우리 손자 얼굴을 이랬다고! 이제 어쩔 것이여? 애미 애비 없다고 무시하는 거여? 나 못살겠네!"

할머니는 악다구니를 쏟아 붓는 승우네 할머니의 머리채부터 잡아챘다. 서로 뒹굴고 싸울 때마다 난 저러다 할머니가 죽을 수도 있다는 생각을 수도 없이 했었다.

그날 밤 할머니는 움켜잡혀 뽑힌 머리카락을 부뚜막에서 빗으로 긁어 태워 내며,

"느네 엄마 알면 안 돼야. 느네 엄마한텐 절대 비밀이여. 알겠지?"

나한테 꼭꼭 다짐의 말과 약속의 눈빛을 보냈다. 할머니는 분명 어머니를 싫어하는데 왜 또 이렇게 어머니를 무서워하는지 이해하지 못했지만 어머니랑 할머니가 싸울까 봐 난 그러겠다고 했다. 이 날만큼은 할머니가 '싸납다'가 아니라 '사납다' 정도로 비춰졌다. 할머니의 뽑힌 머리카락 자리가 많이 아플 것 같아 내 마음도 아팠다.

그후 재혼한 승우 엄마가 승우를 데려가기까지 승우 할머니의 싸움은 끊이지 않았다. 그리고 우리 할머니도 몇 번 더 싸워야 했다.

난, 너의 바람이고 싶어

두 번째
묶임

부모님이 일을 접고 우향리로 들어오시면서 우리 가족은 줄곧 할머니와 함께 살았다. 면 단위 시골 중학교를 졸업한 나는 금산읍에 있는 고등학교에 입학했는데 어머니는 학교 근처에 방을 얻어 놓고는,

"오늘부터 여기서 학교 다녀. 엄마가 얻어 놨다."

나는 집을 떠나 나만의 공간에서 자유로울 수 있단 생각에 일단 좋아했다. 하지만 어머니는 아버지 차에 올라타시며

"할머니랑 꽁꽁 묶어 줄게. 내일 할머니 올 거야."

이것저것 간섭하는 할머니와 종종 갈등이 있던 어머니는 내 자취방을 얻어 주며 '어머님이 손녀 밥도 해 주시고, 같이 살면 아이도 무서움을 덜 탈 것이다.'라는 명목으로 할머니와 두 번째로 묶어 주었다. 이런 묶임을 예상하지 못한 건 아니므로 거부감이 들지는 않았다. 나는 열일곱, 할머니는 일흔이었다.

"여기냐? 하이고 코딱지만 하네."

대충 옷가지를 싸고 다음 날 병원 투어를 하고 자취방으로 들어온 할머니의 첫 마디였다. 여전히 할머니는 주님보다 약님을 신봉

하고 있었지만 십 년 전의 정정함과 싸나움은 여전했다.

나의 고등학교 생활은 녹록지 않았다. 성적, 친구, 이른 아침부터 이어지는 학교 생활 등이 힘들었다. 더 힘이 들었던 건 할머니의 '무한 기다림'이었다. 아침에 꼭 밥을 먹어야만 등굣길 문을 열어 주던 할머니는 야간 자율 학습이 끝나는 밤 10시까지 나를 무한히 기다려 주었다. 텔레비전도 없던 자취방에 할머니대로 말벗이 없어 힘들었을 것이지만 그 당시에 나는 할머니를 생각해 드릴 여유가 없었다. 나이가 들어 잠도 없다는 할머니는 날씨와 상관없이 9시부터 교문 앞에서 날마다 기다리셨다. 남들 눈에는 할머니의 무한 사랑과 애정을 듬뿍 받은 손녀딸로 비춰질 수도 있었겠지만 난 정말 창피했다.

할머니의 흰 머리와 굽은 등은 집에서 나 혼자 보고 싶었다.

"할머니! 왜 또 나와 있어? 여기 여고 앞이라 이상한 사람들도 많단 말이야! 그리고 방문은 잠그고 나온 거야? 제발 나 좀 기다리지 말라고! 먼저 자라고! 제발!"

"네가 하도 늦게 오니까 그렇지!"

할머니도 서운한 대로 서운함을 표시했다. 두루마리 휴지도 딱 한 칸만 쓰고, 내 뒤를 졸졸 쫓아다니며 손에 침을 묻혀 머리카락을 한 올 한 올 집어내는 할머니와의 갈등이 절정에 달할 즈음 사건이 터졌다.

난, 너의 바람이고 싶어

주말에 우향리 밭농사 때문에 할머니가 시골로 일을 거들러 간 어느 날 나는 모처럼 청소를 했다. 할머니 덕분에 청소에 관심은 없었지만 지겨운 공부보단 나을 것 같았다. 신발장을 정리하며 할머니의 낡은 신발과 옷장 속의 냄새나는 할머니 옷들을 버렸다. 할머니 특유의 냄새가 밴 몇 가지 옷가지들이 있었는데 종종 할머니도 올해만 입고 버려야지 하는 것들이었다. 그리고 다음 날 자취방에 돌아온 할머니는 난리가 났다.

"너 신발 어쨌냐? 그 신발이 무슨 신발인 줄 알고 버려? 니가 나랑 살기 싫다고 내 물건을 아조 싸—악 버리는 구나!"

"다 떨어졌으니까 버린 거지!"

깨끗하다고 칭찬할 줄 알았던 할머니가 화를 내자 나는 더 크게 소리를 질러 화를 내 버리고 말았다.

"니 년이 아조 지 애미 닮아서 버리는 거 하나는 잘하지! 나 일찍 죽으라고 내 물건 싸—악 미리 버렸구나! 응?"

할머니는 내가 당신 물건을 미리 버린 것이, 빨리 죽기를 바란다는 식으로 몰아가고 있었다.

"집구석이 할머니 물건 때문에 거지꼴 같잖아! 도로 주워다 주면 되잖아!"

난 다시 찾으러 갔지만 이미 청소차가 싹 쓸어 간 후였다. 그 후 할머니는 쓸 만한 물건을 왜 허락도 없이 버렸냐는 둥, 자신이 죽

기를 그렇게 소원하냐는 등 별의별 말을 다 해 가며 서운함을 드러
내셨다. 결국 난 참다 못해 어머니한테 전화해서,

"할머니 데려가 줘!"

할머니는 할머니대로 아버지한테 전화해서,

"지영이 고년이 내 물건을 아조 싸-악 버렸다. 나 여기서 못 살
겠다. 나 거기서 살란다."

라고 통보해 버리셨다. 할머니는 그렇게 우향리로 다시 들어가셨
고, 며칠 후 난 할머니께 잘못했다는 말과 함께 할머니의 화를 풀
어 드렸지만 다시 같이 살 수는 없었다.

세 번째
묶임

2010년 2월 중순.

교사 임용 후 첫 발령지는 충남 서산에 있는 운산공고였다. 서산
은 듣기만 해 본 지역이고, 공고는 생각도 못 해 본 발령지였다. 가
족들은 모두 축하보다 걱정을 앞세웠다.

"네가 공고 가서 할 수 있겠냐? 애들이 겁나 거칠다 하든디……."

어머니가 진심으로 말할 때마다 등장하는 전라도 억양이 더 우

난, 너의 바람이고 싶어

울했다.

'바닷가 공고 애들은 욕도 잘하고 선생님한테 대들기도 잘하겠지……'

그런 막연한 두려움을 안고 어머니와 함께 방을 구하러 서산으로 갔다. 대충 방을 구하고 부동산을 나오니 어스름한 어둠이 깔려 있었다. 2월 운산의 봄바람은 김승옥의 소설 「무진기행」 속 무진에 와 있는 느낌처럼 스산하기까지 했다. 어머니는 집에 가기 전에 낡은 순대 국밥집에 들러 저녁이란 핑계로 주인아주머니께 이 마을에 대해 꼬치꼬치 물어보셨다.

"여기가 공장 지대라 뜨내기 사내놈들이 많지요. 여자 혼자는 겁날 텐데……."

주인집 할머니는 나를 흘깃 훑어보며 어머니에게 말했다.

국밥집을 나서는 엄마의 근심스런 얼굴을 보며,

"난 괜찮은데……. 사람 사는 곳이 다 그렇지 뭐. 적응하면 괜찮아."

난 어머니 걱정을 애써 무시하며 스스로를 다독였다. 그러나 어머니는 어둠을 등지고 길가 한쪽에 소변을 보는 노랑 머리의 막노동꾼들을 보면서 혼자 중얼거리셨다.

"여기 여자 혼자서는 안 되겠고만. 네 할머니랑 꽁꽁 묶어 놔야겠다."

잃어버린 소문을 찾습니다

'아 ─ 엄마⋯⋯.'

어머니의 산수(算數) 속에 갇혀 버린 나는 쉽게 그것을 찢고 나오겠단 말을 못 했다. 그리고 마침 사랑도 제대로 안될 때였다. 모든 게 귀찮았다.

'될 대로 되라. 뭐 어떻게 살아지겠지.'

우리의 세 번째 묶임은 그렇게 시작되었고 나는 스물여섯, 할머니는 여든을 바라보고 있었다.

대학을 마치고 고시원에 박혀 임용 시험 공부를 하며 오랫동안 만나지 못했던 할머니는 예전의 '싸나운 할머니' 느낌이 전혀 아니었다. 운산의 바람을 견딜 수 있을까 싶게 말랐고 쪼그라져 있었으며 살갗은 검버섯이 가득했다.

"안 본 사이에 우리 할머니 많이 쪼그라들었네."

"이젠 아주 늙은이가 되어 버렸지? 우리 손녀딸이 이렇게 컸으니 그렇지."

교사가 된 손녀를 따라 운산으로 옮겨 오는 것에서 일종의 여행 기분을 느꼈던 할머니는 쪼그라들었다는 서글픈 말에도 내 등을 쓰다듬으며 웃음으로 대꾸했다.

꼭 10년 만에 할머니와의 동거가 다시 시작되고 나의 첫 교사 생활도 시작됐다. 운산의 첫 해는 녹록지 않았다. 식품공업과 2학년

2반을 담임으로 배정받은 첫날부터 학교를 자퇴하겠다는 학생을 상담했고, 아이들은 나를 '선생'으로 대하기보다는 '누나' 혹은 '언니'쯤으로 여겼다. 신규 교사의 열정도 집에 오면 방전이 됐다. '이 길은 내 길이 아닌가 보다.'라며 아이들 다루는 스트레스가 심했던 나는 집에만 오면 할머니한테 학교에서 일어난 '사건'들을 주절주절 늘어놓기 시작했다.

"할머니, 오늘은 어떤 애가 학교 왔다가 말도 없이 가출했어. 왜 그럴까?"

"할머니, 오늘은 우리 반에서 누가 핸드폰을 가져갔어. 누가 그런 걸까?"

할머니는 인자한 조언보단 당신이 아는 욕을 모두 동원해 싸잡아 아이들을 욕해 주었다. 그 놈들이 당신의 손녀딸을 마음 아프게 하기 때문이었다. 나는 그런 할머니를 보고 있노라면 또 좀 우리 할머니가 너무한다 싶어서,

"할머니 걔네들이 그렇게 나쁜 애들은 아니야. 원래 착한데 가정 환경이 안 좋아서 그런 걸 수도 있어. 너무 뭐라 하지 마."

할머니가 심리 상담 기법으로 나를 치유한 건 아니었지만 그 당시 할머니와의 이런 대화는 의외로 내가 아이들을 이해하고 차곡차곡 정을 쌓아 가는 시간들이 되었던 것 같다. 의외로 할머니와 난, 잘 살아지고 있었다.

잃어버린 소문을 찾습니다

11월 비가 내리는 어느 날, 할머니와 함께 잠을 자려 하는 순간 우리 반 반장 형식이한테 전화가 왔다. 밤늦은 전화라 심장이 덜컹거림과 동시에 '아 - 무슨 사고라도 났나?' 하는 걱정으로 전화를 받았다.

"선생님, 저 형식이에요. 저 선생님 집 앞에 있어요. 오늘 저 좀 재워 주시면 안 돼요?"

다짜고짜 재워 달라는 형식이의 말에 얼른 응수하지 못하고 한참을 있다가,

"어- 뭐라고? 형식아 너 왜 거기 있어? 집에 안 들어갔니?"

"네- 저 오늘 선생님 집에서 자려고요! 아- 재워 주세요! 네에?"

평소에 엄청 개구쟁이지만 담배도 안 피우고 사고도 안 치는 녀석이기에 일단 나가 보기로 했다. 할머니의 걱정을 뒤로하고 대문을 열었을 때 씩씩대는 할아버지와 서치라이트를 마주했다.

"정 선생님! 여기 학생들 못 봤어요?"

학교 수위 아저씨셨다.

"못 봤는데요. 무슨 일이세요?"

"아니 글쎄, 애들이 학교에서 잠을 자려고 하지 뭐에요. 낮에 창문을 열어 놓고 내가 자는 거 확인하고 몰래 들어온 거 같은데……. 접 때도 한 번 그러던디. 내 요것들을 오늘 아조 경찰서에 넘겨야겠어요. 이것들 때문에 보안 장비가 자꾸 울리고 아주 난리

난, 너의 바람이고 싶어

네 난리. 내가 몇몇 놈 얼굴은 봤는디……."

나는 일단 모르는 척 하고 아저씨와 헤어졌다.

집 앞 편의점에 숨어 있던 형식이를 발견하니 혼자만 있는 게 아니었다. 우리반 영민이와 1반의 종수, 경민, 영현이도 함께였다.

"너네 학교에서 자다가 도망쳤지? 집 놔두고 추운데 뭐하는 거야? 학교 짤려 이것들아. 수위 아저씨가 이번에는 그냥 안 넘어 가실 거 같은데?"

"헤헤– 괜찮아요. 다 추억이죠 뭐. 선생님 아– 좀 재워 주세요. 네? 선생님 할머니랑 같이 살죠? 저희가 손자처럼 잘할게요."

넉살을 떨자 쌍꺼풀 없는 작은 눈이 아예 감겨 버린 형식이는 자꾸 졸라 댔다.

"부모님한테 연락하고 얼른 데리러 오시라고 해. 선생님이 라면 은사 줄게."

"아– 싫어요. 오늘 아빠 왔단 말이에요……."

작아지는 목소리와 내려지는 말꼬리로 형식이는 말했다. 그러고 보니 모인 녀석들은 밖에서 아무 데나 자도 부모님의 간섭을 받지 않는 아이들이었다. 누나하고 단 둘이 살거나 조손 가정이고 형식이는 아버지가 돌아가시고 어머니와 단 둘이 살고 있었다. 일을 하다 다치신 어머니와 함께 살던 형식이는 기초생활수급자로 형편은 넉넉지 못했다. 그리고 얼마 전 새아빠가 생긴 듯 했다. 얼굴

잃어버린 소문을 찾습니다

두꺼운 이 녀석도 새아빠는 어려웠나 보다. 예전에도 몇 번 학교에서 잤다는 말을 자랑처럼 하곤 했는데 지금 돌이켜 보면 그때마다 새아빠가 공사판 일을 마치고 돌아오는 날이 아니었나 싶다. 새아빠를 피해 친구들을 꼬드겨 '추억'이란 핑계로 친구들과 학교에서 자려 했던 것이 오늘 같은 사단을 만든 것이었다. 시간은 12시를 넘기고 있었고, 마침 날 찾으러 나온 할머니에게 아이들은 엉겨 붙어 얼떨결에 우리 집으로 다 들어왔다.

"학생들, 라면 끓여 줄까?"

"네 – 야호!"

할머니는 손녀딸을 고생시킨다고 싸잡아 욕할 때와 완전히 다른 표정으로 비 맞고 들어온 아이들에게 라면을 끓여 주고, 밥을 퍼 주었다. 그리고 소란스러움에 잠에서 깬 주인집 아주머니께 염치 불구 부탁을 드려 비어 있는 또 다른 방에 아이들을 재울 수 있었다. 당시 우리는 여러 방을 놓고 세를 받던 주인집을 중심으로 대문에서 가장 가까운 방에 살았고, 옆방은 빈 방이었다.

"너네 여기서 담배 피우면 절–대 안 돼? 알았지! 진짜 그러면 선생님 실망이야. 알겠지?"

"아효, 걱정하지 마세요. 저희는 그런 거 안 합니다. 안 해요!"

영민이가 능글맞게 웃으며 약속의 손가락을 내어 보였다. 아이들 방에 보일러가 돌아가고 불이 꺼지는 것을 보고 누우니 두 시가

난, 너의 바람이고 싶어

넘어가고 있었다. 너무 피곤했다.

"할머니, 뭐 하러 나왔어? 그리고 애들한테 집에 가자고 하면 어떻해?"

"니가 선생이니깐 그렇지. 원래 선생은 그래야 하는 거야."

할머니는 이불을 내 목까지 끌어당기며 어서 자라고 등을 토닥여 주었다.

그 후 녀석들은 주말에 몇 번 우리 집 대문에서 "선생님, 나오세요!"라는 소리를 지르며 장난을 치기도 했고, 할머니를 위해 고구마를 가져다주기도 했다. 난 그 짓궂음을 의심하기도 했지만 할머니는 그런 아이들을 귀여워했다.

그 후로도 떠나온 운산의 첫 제자들과는 가끔 문자 안부를 주고받기도 한다. 형식이는 이제 군대도 제대했고 취업도 했다면서 우리 할머니 안부를 묻는 어른이 되어 있었다.

"할머니는 여전히 짱짱하시고 잘 지내노라."

그렇게 대답을 하고 싶지만 할머니는 세월의 흐름을 이기지 못하고 그 세월을 고스란히 담아내고 있는 중이었다.

나는 운산에서 2년을 보내고 다른 곳으로 근무지를 옮기면서 결혼을 했다. 결혼 후에도 할머니와 함께 살았는데 남들은

"결혼했는데, 왜?"

라고 반문했지만 반평생을 손녀 따라 사시라는 어머니의 말에 늘 고개를 끄덕인 할머니가 가끔은 스스로를 '짐짝처럼 이리저리 옮겨 다니는 신세라 느끼지 않을까?' 하는 생각에서였다. '당신은 버림받지 않았다.'라는 느낌을 드리고 싶었다.

시간이 지나면서 느낀 건 할머니가 차츰 '죽음'을 두려워하기보다는 삶의 순리라고 받아들이는 것 같다는 것이다. 예전에는 늘 까맣게 보이길 원했던 머리카락도 어느 순간부터 염색을 거부하고 하얀 백발로 놔두셨다. 그리고 눈이 침침한 가운데도 늘 윗옷의 단추 채우는 일은 스스로 하려고 하셨다. 내가 채워 주려고 하면,

"죽어서도 따라다니며 채워 달라고 보챈다."

단호한 말로 손도 못 닿게 하셨다. 보약도 그랬다. 예전에는 약을 주님처럼 신봉하던 할머니가 죽을 때 고생한다는 이유로 보약은 손사래를 치셨다.

"이 할머니가 우향리로 돌아가고 싶은데 이번 쉬는 날에 데려다 줄래? 이제 너희끼리 재미나게 살아야지."

할머니는 처음 나를 따라 서산으로 오던 여행길 같은 설렘을 추억하면서도 이제는 당신이 평생을 살아오신 우향리로 되돌아가고 싶어 했다. 할머니의 향수병을 보면서 아파트의 갑갑증이 할머니에게 독이 될 수도 있다는 생각을 했다. 그 후 할머니는 부모님에 의해 우향리로 다시 돌아갔고 우리는 더 이상 꽁꽁 묶일 수 없었다.

난, 너의 바람이고 싶어

나는 서른 살. 할머니는 여든세 살이었다.

여든 다섯을 바라보는 지금은 많이 편찮으시다. 병원 입·퇴원
을 반복하고, 했던 말을 계속 하시면서 기억을 잘 못 하신다. 할머
니는 안간힘을 쓰려 하지만 세월은 그렇듯 무자비하다.
어제는 어머니와 할머니 병 수발에 관한 통화를 끝낸 후 수덕사
에 다녀왔다. 손을 모아 합장을 하는 사람들 속에서 나도 어색하지
만 손을 모으고 부처님께 간절함을 전달했다.

'싸나운 할머니'라는 그 소문이
아직 우향리, 그곳에는 있었으면 좋겠습니다.
내가 쓰러질 때마다
품어 주었던
할머니.

그러나
지금은 잃어버린
그 소문을 찾고 싶습니다.

잃어버린 소문을 찾습니다

나는 지금의 내가
좋다

박명순

박명순

조치원에서 태어나서 건어물 가겟집 8남매의 맏딸로 살면서 중고등학교를 다니다가 종촌(지금의 세종시)으로 이사하여 과수원집 맏딸이 되었다. 중학교 입학 전까지 동생 한 명을 업고 두 명을 양손에 데리고 다니며 틈틈이 만화책을 읽었다. 과수원집으로 이사한 후로는 대학교 졸업 이후까지 휴일이나 여름 방학은 고스란히 복숭아 일에 매달려야 했다. 공주 대학교를 졸업하고 30여 년 교직 생활 중 『채만식 소설의 페미니즘』으로 박사 학위를 받아서 대학 강단에서 15년간 대학 국어와 현대 소설을 강의하기도 했다. 지금은 '어떻게 하면 웹툰처럼 재미있고 쉽게 읽히는 평론을 쓸 수 있을까' 고민에 빠져 지낸다. 이 책이 나올 때쯤 그의 산문집 『아버지나무에서 물이 흐른다』도 출간될 예정이다.

열무김치 맛처럼
새콤했던 기억

고3 여름 방학 무덥던 날.

보충 수업을 마치고 낮은 판잣집이 늘어선 골목을 돌아 지하도 입구처럼 만들어진 계단을 밟는다. 축대 아래 도랑이 흐르는 귀퉁이 하꼬방에 판자문을 달아 만든 갈지 자 직사각형 자취방. 그 방 안에 들어가려면 몸을 구부리고 고개를 깊숙이 숙여야 한다. 무심히 문을 여는데, 웬일일까? 예상치 못한 환한 웃음과 향기로움. 올망졸망 모여 있는 낯선 소녀들에게서 풍기는 개나리 빛깔의 노란 단맛이 잘 익은 참외밭처럼 정겹다.

"누군데 남의 집에서 놀고 있는 거야?"

"김치 담갔어요."

삼부 합창으로 울려 퍼지는 명랑함에 여전히 어리둥절할 뿐이었다. 그때였다.

"언니, 우리가 김치 담갔어."

작고 야무져서 별명이 땅꼬마, 밤톨, 땅콩으로 불리던 초등학교 4학년짜리 동생이 얼굴을 밝게 빛내며 자랑스럽게 김치통을 가리킨다.

"김치?"

동생과 꼬마들이 터뜨리는 웃음소리가 자취방을 분에 넘치는 화사함으로 물들이는 분위기 속에서 나는 국물을 떠 맛을 보았다.

"아!"

탄성이 절로 쏟아져 나왔다. 아직 익지 않아 쌉쌀하지만, 완벽한 열무김치 맛이 동생의 손에서 완성된 것이다. 나도 엄두를 못 냈던 김치 담그기를 동생이 해낸 일이 어찌나 놀랍던지 칭찬의 말조차 꺼내지 못했다.

냉장고가 없어서 자취생이 김치를 마음 놓고 먹기 어려웠던 시절이다. 동생은 대전에서 고등학교 다니는 언니네 집에 놀러 와 일주일 동안 함께 지냈다. 그 사이에 친구를 사귀고 달동네를 휩쓸면서 핫도그 사 먹으라고 준 돈 100원으로 열무를 사서 동네 꼬마들과 김치를 담근 것이다. 옆집 앞집 쫓아다니면서 도움도 받고 양념도 얻어 완성했다고 한다. 아무도 없는 집에서 처음 만난 달동네 어린이들과 놀이처럼 김치를 담그다니. 지금도 마지막 한 방울까지 털어 먹었던 새콤한 열무김치 국물 맛이 입안에 감돈다. 우등생에 글짓기와 웅변 대회를 휩쓸던 동생의 눈빛은 별꽃처럼 예쁘게 빛났다.

보행기를 동행 삼아
식물인간에서 벗어나다

작은 몸으로 유달리 약빠르고, 입담이 좋은 동생이었다. 국립 사대 국어교육과 졸업반 시절, 의무 발령제가 임용고시로 바뀐 직후 반대 투쟁에 앞장섰던 열혈 청년의 경력도 있다. 그랬다. 젊음을 꽃피우는 모습이 질투가 날 만큼 화려했던 내 동생의 청춘이 있었다. 학생회 임원을 맡고, 문학회 활동도 하던 야무진 동생. 축제 때는 마당극에 출연한다며 밤새 대본 연습을 하던 동생이 뿜어 대는 젊음의 열기가 너무 뜨거워서 슬그머니 피하고 싶었던 기억도 있다.

나는 지금의 내가 좋다

마음씨 나쁜 신의 질투였는지도 모른다.

어느 순간 동생의 젊음은 몇 차례 사연을 겪으면서 질병으로 얼룩지기 시작했다. 그리고 지금은 '마른하늘에 날벼락'처럼 휠체어나 워커를 이용해야만 이동이 가능한 몸으로 변신한 것이다. 그 벼락은 당연히 가족도 함께 맞았고 치료는 진행 중이다.

국립대를 졸업하고 임용고시를 준비하다가 희귀병으로 쓰러진 것이다. 식물인간처럼 누워 있다가 기적처럼 퇴원 후 바깥출입을 했을 때 동생은 뇌병변 2급 언어장애 3급 판정을 받았다. 강제로 케이지에 올려진 채 맘껏 두드려 맞은 후 내려진 판정처럼 억울했지만 하소연할 공간도 없다. 원망이나, 죄책감으로 이룰 수 있는 것은 아무것도 없었다. 그저 시간만 흘러갔을 뿐이다. 그러면서 식물인간처럼 병상에 누워 있던 시간들 이후 몸이 조금씩 나아짐에 조마조마 안도해야 했다. 멈출 수 없는 총알이 관통할 수 없는 벽에 닿을 때, 변신할 수밖에 도리가 없듯이 휠체어를 타면서부터 새로운 현실에 적응하기 시작했다. 50미터 내외를 보행기(워커, walker)를 움직이며 걷게 된 것만으로도 기적을 만난 것처럼 명랑한 일상을 보내야 한다.

난, 너의 바람이고싶어

마음씨 나쁜 신의 질투였는지도 모른다.

어느 순간 동생의 젊음은 몇 차례 사연을 겪으면서

질병으로 얼룩지기 시작했다. 그리고 지금은

'마른하늘에 날벼락'처럼 휠체어나 워커를 이용해야만

이동이 가능한 몸으로 변신한 것이다.

그 벼락은 당연히 가족도 함께 맞았고 치료는 진행 중이다.

이메일로 확인한
찰떡궁합

다른 행성에서 날아온 외계인처럼 낯설게 변해 버린 상황.

그 새로운 세상에 적응하기 위해 재활 훈련으로 하루를 채웠다. 휠체어와 워커에 의존하는 것도 엄마와 착한 남동생이 도왔기에 가능한 일이었다. 내가 할 수 있는 일은 중고 컴퓨터를 마련해 주고 배움을 권유하는 정도였다. 가정용 컴퓨터가 일반화된 2000년, 손과 발과 혀의 역할을 컴퓨터가 대신해 줄 것으로 기대했지만 동생은 만사가 귀찮다는 듯 무기력한 모습만 보였다.

"포기하고 싶어."

"배워야 해."

"내 처지를 이해하지 못하니까 쉽게 말하는 거야. 언니가 그걸 알아? 손가락 놀림이 조금만 어긋나도 자판 연습 프로그램이 사라져 버릴 때의 막막함, 작동을 안 하는 컴퓨터가 얼마나 무서운데!"

무식하면 용감해진다고 했던가. 나는 무조건 강행을 독려했다.

"외국인 애인과 대화를 나눈다고 상상해 봐. 내가 사랑하는 사람과 대화를 해야 하는데 힘들다고 포기할 순 없잖아?"

"내가 컴퓨터 배워서 뭐에 써 먹겠어? 이젠 교직에 나갈 수도 없

난, 너의 바람이고 싶어

고 어차피 취직도 못 할 텐데."

무슨 말을 할 수 있을까? 자판의 한글 자모를 겨냥하여 단어를 조립하기조차 힘든 떨리는 손가락, 의사 표현이 어려운 혀, 그런 절망의 표정을 외면한 채, 동생의 두 손을 힘주어 잡고 나 자신에게 다짐하듯 어렵게 입술을 달싹거렸다.

"10년 후를 떠올려 보자."

희망은 그렇게 단순함과 우직함 속에서 손을 당겨 줄 것이다. 10년 후 변화된 동생의 모습을 기대했던 건 진심이었다.

"너는 공부할 수 있는 능력이 남아 있잖아! 배움의 기쁨을 키우려면 글도 써야 하고, 손의 자유로움을 위해 컴퓨터 도움을 받아야 해."

"공부는 책으로 하면 되잖아. 컴퓨터는 나와 맞지 않아."

도전 정신으로 빛나던 동생의 본래 모습을 되찾기 위해서는 내 말이 마중물이 되어야만 했다.

"어쩌겠니? 성한 사람들보다 더 열심히 하는 수밖에 없는 걸."

그러나 내 말은 동생의 가슴에 상처를 주는 돌멩이에 불과했다. 그 돌멩이가 부메랑으로 날아와 내 가슴을 콕콕 찔러 댔을 때야 비로소 그걸 깨달았다. 나는 고민에 휩싸였다. 한 발 두 발 서는 것을 연습하는 동생에게 그 이상의 기대를 불어넣는 말이 고통을 가중시키는 건 아닐까?

15년 전 당시만 해도 컴퓨터가 일상생활용품처럼 사용되지는 않았기에 내 말을 중요하게 받아들이지도 않았다. 그러는 동안 동생은 24시간 헌신적 사랑을 보여 주는 엄마와 남동생의 애정으로 몸의 변화를 조금씩 보여 주었으니 그 사이에 또 몇 년이 흐른 것이다.

동생에게 처음 이메일을 받았던 날.

그 순간을 떠올리면, 빨주노초파남보의 무지개가 피어나는 황홀함에 젖는다. 동생은 나도 모르게 장애인 재활 출장 교육을 지원받아서 혼신적인 노력으로 컴퓨터를 익혔던 것이다. 그리고 마침내 언니에게 첫 편지를 보냈으니, 첫사랑처럼 다가온 열정으로 답장을 썼고 이후 2년 이상 나와 동생은 하루도 빠짐없이 이메일을 주고받았다.

그러면서 동생은 재활 치료와 독서 모임, '생각을 키우는 논술교실'을 운영하며 아이들을 가르쳤다. 하루하루의 변화된 삶이, 새롭게 만난 가족과 친구들 덕분이라며 고마워한다.

말로 통하지 않는 애정을 글로 키우는 일은 진흙 인형에 숨을 불어넣는 일만큼 고된 과정이다. 그런데도 커다란 장벽 앞에서 말보다 글로 소통하기가 훨씬 쉽다는 걸 학생들의 모둠일기로 경험했던 터이다. 자연스럽게 '있는 그대로의 나'를 보여 주고자 노력했다. 결혼 생활에서 받은 상처와 자식 키우는 고충, 교사 생활의 어려움을 진지하게 털어놓았다. 평범한 이야기조차 상처가 될 수 있음을 알았지만 일상과 소통하며 살아야 한다고 여겼기 때문이다. 작은 짐을 지고 살아가는 나의 엄살을 고백했으니 평범한 문장들이었다. 물론 솔직하게 고민을 털어놓는다고 서로의 처지가 달라지지는 않는다. 다만 세상 사람들 누구에게나 상처가 있고 어려움이 있다는 것을 받아들이는 것이 중요한 것이다. 인간의 삶이 지닌 명암의 깊이를 보는 안목을 키워야 사람을 이해하는 틀이 넉넉하고 심오해질 수 있음을 기대했다.

머리가 좋고 자존심이 강한 동생은 언니와 자신이 동등한 입장이 아니라는 자격지심을 버릴 수 없었다. 동등하지 않은 관계는 서로에게 위험하다. 솔직히 이 문제가 가장 힘들었다. 일방적인 도움만 받는 입장은 언젠가는 혹처럼 불룩 튀어나와서 관계를 파탄에 이르게 할지도 모른다. 가족이라는 관계가 적절한 거리감을 유지하기 힘들어 더 위험하다는 생각 때문에 오랫동안 두려움을 떨치기 힘들었다.

나도 동생을 의지하며 산다는 걸 계속 확인시켜야 했다. 내 모든 걸 보여 주고 상의하고 위로받을 수 있는 사람이 있다는 건 진정 행복한 일이다. 나에게 동생이 그렇다. 속상했던 사연이나 고민거리를 남에게 털어놓지 못하는 나에게 동생은 참 좋은 상담자이다. 꼼꼼하게 수업 자료를 챙기지 못하는 나에게 동생은 고마운 조력

자이기도 했다. 해마다 모둠일기를 워드로 작업하여 학급문집을 낼 수 있었던 것은 동생이 도와주지 않았다면 가능한 일이 아니었다. 지금도 다양한 영상 수업을 시도하는데 모든 자료를 동생에게 의지한다. 무엇보다 크게 도움을 받는 건 동생에게 없는 것이 내게 있다는 자각이다. 움직임이 자유로운 손, 발, 혀, 남편과 자식의 소중함, 그리고 출근할 수 있는 행복을 날마다 확인할 수 있는 건 동생 덕분이다. 그리고 동생은 나에게 없는 자신만의 소중함을 발견한다. 혼자 사는 홀가분함과 자유, 그리고 몸이 불편해서 얻는 겸허함과 작은 행복들.

동반자들

관계라는 단어는 때로 서로에게 찰떡궁합으로 달라붙는 순간이 있다. 나와 동생은 이메일이 결정적인 계기가 되었다. 당시 나는 학교에서 모둠일기를 통해 생활 지도에 열의를 불태우던 시기였다. 날마다 여섯 개의 모둠일기에 답장을 쓰며 애틋한 사랑을 나누었다. 그날 답장을 써서 돌려주어야 했기 때문에 점심 먹을 시간 없이 분주했지만 그만큼 행복했다. 학기 초 껄끄럽게 다가갔던 학생이 학년 말에는 가장 끈끈한 정으로 맺어지는 경우

난, 너의 바람이고 싶어

가 많다. 그만큼 어렵게 정성을 기울였기 때문이다. 동생과도 그런 조심스러움으로 다가갔는데 어느 순간 마음이 통할 수 있었다.

동생은 손동작이 느린 만큼 간결하고 완결성 있게 글을 썼다. 2년 이상 날마다 주고받은 이메일은 동반자 의식으로 끈끈하게 맺어지는 힘이 되었다. 나와 시작했던 이메일의 범위를 서서히 넓혀서 시 카페를 운영하여 섬 친구까지 사귀며 다양한 교류 속에서 제주도 여행을 꿈꾸기도 했다.

"내 생애 30분 독서로 해결되지 않은 고민은 없었다."

몽테스키외의 고민과 나의 그것이 동질의 것인지 파고들 겨를 없이 나는 즉각 이 말에 매료되었다. 문득 나와 동생에게는 독서만이 구원이 될 수 있다는 확신이 섬광처럼 번득였다. 세상을 변혁할 수 없는 독서는 무용지물이라는 강박 관념도 사라졌다. 그래 책을 읽자. 지금 이 상황에서 동생과 나를 연결해 주는 가장 강력한 끈은 책이 될 수밖에 없다는 확신이었다. 함께 『금강경』, 『논어』, 『노자』, 『장자』를 파고들기 시작했다. 일주일에 한 번 월요일 저녁에 만나서 공부하는 시간을 약속 1순위로 잡았다.

『갈매기의 꿈』의 조나단처럼 자유롭기를 소망하는 시도와, '맘 편하게 열심히 예쁘게 살자.'는 두 가지를 목표로 삼았다. 무서운 풍파가 우리를 비껴간 것이라 여기며, 겪은 만큼 공부가 되었을 것이라 위로했다. 그 힘으로 있는 그대로의 자신을 긍정하는 힘을 키위 나갔다. 5년 이상 둘이 진행하던 책 모임을 영화, 동화, 창작 스터디로 다양화했다. 최근에는 동화를 공부하면서 창작까지 하는 모임으로 진일보하여 진행 중이다. 그 사이에 동생의 활동 영역이 넓어졌다. 동생 스스로 책 모임을 꾸려 가게 되었고 문학 모임, 여성학 모임 등 바빠진 것이다. 내가 충남교육연구소의 권정안 선생님과 시경, 금강경, 논어교실과 인연을 맺게 된 것이 동생의 열성적 공부 덕분이니 생각할수록 고마운 일이다.

동생의 다양한 활동은 내 삶의 풍요로움으로 이어진다. 특히 동생이 6년째 진행하는 책 모임 에피소드가 나를 일깨워 주는 에너지가 되는 경우가 종종 있다.『내 인생의 첫 고전 노자 - 비어 있으면 쓸모 있나니』의 저자 최은숙 선생님이 만들어 준 특별한 만남,『창신동 사람들』책 이야기 중 그곳에서 청춘을 보낸 과거를 눈물로 풀어낸 회원 이야기 등. 어느새 동생의 존재는 나에게 밤나무처럼 우람하게 자리 잡았다. 동생이 열정적으로 책 모임을 준비하는 모습을 지켜보며 엉뚱한 상상에 빠지기도 한다.『나는 구름 위를 걷는다』의 주인공을 동생으로 바꿔치기하는 것이다. 줄타기처럼 아슬아슬하게 살아가는 동생의 모습! 그러다가 내가 서 있는 곳도 줄타기의 현장이고, 현대인들 모두 불안과 혼란 속에서 살고 있음을 깨닫는다. 동생보다 더 어려운 사람들과의 만남들은 책에서 만날 수 없었던 소중함이다. 그래, 위태로운 건 삶의 속성일

난, 너의 바람이고 싶어

지도 모른다. 불안과 혼란을 양식 삼아 동생과 나는 일상의 묘미를 즐기게 되었으니, 피할 수 없으면 웃으며 감당해야 함을 터득한 것이다.

지금 동생은 보행기를 사용해야 혼자서 이동이 가능하다. 보행기는 휠체어와 달리 허리를 세우고 이동할 수 있다. 유모차보다 무거운 워커를 끌자면 시간이 많이 걸리고 쉽게 지친다. 동생의 일부가 되어 버린 워커처럼, 친구나 선후배가 또 하나의 정신적 워커 역할을 해 주고 있다.

동생이 쓰러진 직후 나는 분통만 터뜨리다 온몸에 열꽃이 일어났다. 신경성 알레르기 증세가 얼굴에까지 번져서 대학 병원을 찾고 있었다. 차라리 시위 관련 부상자들, 교통사고를 당한 사람들까지 부러워하며 혼란 속에서 헤맸다. 광주 항쟁 관련자들은 당당하게 억울함을 호소할 수 있고 교통사고 역시 명백한 가해자가 있지 않은가? 왜 착한 동생만 가혹한 시련에 짓눌려야 하나. 그 분노의 심정을 가라앉힐 수 있었던 건 순전히 동생이 보여 준 명랑한 자존감 덕분이다.

그리고 동생은 그 사이에 구체적인 도움을 주고 있는 동반자를 여러 곳에서 만나고 있었다. 장애 활동 보조를 하는 준희 엄마는 일주일에 세 번 반찬을 만들어 주고 가끔 목욕탕에도 함께 간다. 준희 엄마를 가족처럼 여기며 살아갈 수 있는 건 어쩌면 준희 엄마에게 중증 장애인 아들이 있기 때문인지도 모른다. 그녀의 아들은 다른 활동 보조인의 손길에 의지하면서 동생을 도와주고 있다. 일주일에 6시간의 이동 도움도 받을 수 있기 때문에 크고 작은 지역 모임에 참석하는 것도 부담이 없다. 이동 도움을 주는 혜선 엄마 역시 장애인 아들을 키우는 아픔을 지니고 있다.

착한 사람들은 왜 이다지도 어렵게 살아야 할까? 권정생 선생님의 『한티재 하늘』의 주인공들처럼 열심히 살아갈수록 짐이 무거워져서 휘청거리는 사람들은 서로를 의지하는 지혜를 깨달을 수밖에 없다. 그 지혜는 체념이 아닌 사랑이기에 서로를 의지하면서 단단해지는 것이다. 동생은 내가 비루한 감정에 휩싸일 때마다 문득 우리 사회에서 울고 있는 그림자를 담담하게 보여 준다. 그 안에 내가 있고 동생이 있음을 깨달을 때, 빛과 그림자의 균형을 향해 나를 심오한 생의 한가운데로 이끄는 기운을 느낀다.

나는 지금의 내가 좋다

노랗게 물드는 은행나무에서 뿜어 나오는 생기가 냉장고에서 꺼내 문 사과처럼 달콤하다. 천안의 치과 병원에 다

녀오다가 들른 독립기념관에서 받은 가을 선물이다. 바닥에 뒹구
는 마로니에 낙엽의 선홍색 핏자국에서 눈을 뗄 수가 없는 것이다.
퇴락의 황홀함이 시리게 가슴에 박힌다. 그 시린 아픔이 박경리의
소설『토지』에 나오는 '공월선이 애틋하게 그리워하던 용이의 품
에서 죽어 가는 장면'과 겹쳐진다. 그렇다고 죽음으로 완성되는 사
랑 이야기를 하고 싶은 것은 아니다. 은행잎이 듬성듬성 쉬고 있는
벤치에서의 아름다움이 그저 좋을 뿐이다. 내가 누릴 수 있는 최대
치의 행복을 깨달을 수 있다는 것이 흐뭇하다. 행복은 내가 나에게
줄 수 있는 작은 선물이라는 걸 말이다. 동생과 다니면 헬렌 켈러
의『사흘만 볼 수 있다면』을 읽었을 때 느낀 영감의 잔물결이 망망
대해처럼 출렁인다. 그 물결에 몸을 맡기면 고목 밑동처럼 메말라
버린 일상의 감각이 시나브로 되살아난다. 동생은 아름다운 광경
을 만날 때마다 "눈에 넣어 가고 싶다."고 말한다. 영화『조제와 호
랑이 그리고 물고기들』에서 거동이 불편해서 골방에 사는 조제가
하늘의 구름에 경탄하며 보내는 대사이다.
　"나는 지금의 내가 좋아."
　동생이 최근에 하는 말이다.
　"……."
　"몸이 아프지 않았을 때는 늘 외로웠고, 불평과 원망만으로 살
았던 거 같아. 내게 주어진 행복에 감사할 줄 몰랐어. 오히려 지금

이 더 풍성하고 자유롭게 나를 사랑할 수 있어서 좋아."

그래서일까, 동생은 온몸에 멍이 가실 날이 없을 만큼 넘어지고 쓰러지면서도, 늘 웃는 표정이다. 많이 아픈 사람이 할 수 있는 일은 온몸으로 고통을 견뎌 내면서 그 고통이 형체가 없어지도록 녹여 내는 일 뿐인지도 모른다. 동생의 말, 그것은 내가 고백하고 싶은 운명에 대한 사랑이기도 하다.

'나는 지금의 내가 좋다.'

난, 너의 바람이고 싶어

따뜻하고
축축한 혓바닥

박선희

박선희

교직 14년 차, 이력이 생길만도 한데 아직도 아이들과 투닥거리고 토라지는 걸 보면 앞으로도 내내 철 안 들 국어 샘으로 충남 예산에서 사과꽃 몽우리 같은 계집애들과 함께 생활하고 있다. 여전히 좌충우돌이지만 이제야 '선생'이 어떤 사람이어야 하는지 조금은 알 것 같아서 다행이다. 현재 충남 교사문학회 회장으로 있다.

1.

　책상 앞에 앉아 일을 하다 보면 발로 더듬더듬 뭔가를 반드시 찾게 된다. 보드랍고 뜨뜻한 녀석의 등짝이나 맛난 걸 주는 줄 알고 할짝거리는 녀석의 축축한 혀, 혹은 예의상 서너 번 흔들어 주는 꼬리가 발끝에 만져지고 나서야 비로소 하던 일에 다시 집중할 수 있다. 간혹 녀석의 코 고는 소리가 일에 방해가 될 때도 있는데 그럴 땐 나직한 목소리로

　"마루~."

하고 이름을 부르면 된다. 그럼 녀석은 입맛을 쩝쩝 다시며 코골이

따뜻하고 축축한 혓바닥

를 멈추지만 이내 다시 코를 골곤 한다. 깊은 밤, 싫지만 꼭 해야 할 일이 있을 때 녀석의 코 고는 소리는 심각하게 유혹적이다. 결국 유혹에 백기를 들고 삼십 분만, 한 시간만 눈을 붙이려고 녀석을 끌어안고 누웠다가 낭패를 보는 일이 적잖았다.

결혼 8년 차. 우리 부부에게는 아이가 없다.

자발적, 또 비자발적인 이유로 아이 없이 살아가는 우리 부부가 녀석과 한 가족이라는 걸 알게 되면 많은 사람들은 애정 어린(?) 충고를 참지 않았다. 부모와 아이로 구성된 가정만이 정상적인 가정의 형태라고 생각하는 그들은 우리가 아이 없는 결손을 메우기 위해 어떤 식으로든 노력을 해야 한다는 생각 아래,

"개 키우면 자식이 안 생긴다."

그 말을 약속이나 한 것처럼 읊어 댔다. 보다 격렬히 나를 걱정해 준 지인으로부터,

"그러다 애 정말 안 생긴다. 당장 개를 갖다 버리라."

그런 말을 들었을 때는 차라리 그간 나는 누군가에게 '걱정이라는 이름의 폭력'을 행사한 적은 없었나 진지하게 돌아보게도 되었다. 입맛 쓴 충고 대신 '오죽하면'이라는 수식을 붙여 안쓰럽게 생각하는 사람들은 겉으로야 말이 없으니 차라리 나은 축이었다고 할까. 이래저래 남들과 조금이라도 다른 형태로 살아간다는 건 수시로 에너지가 소모되는 피곤한 일이었다.

난, 너의 바람이고 싶어

마루는 우리에게 아직 아이 문제로 어떤 결정을 내리기 훨씬 전, 신혼 1년이 막 끝나 갈 무렵 뜻하지 않게 우리 식구가 되었다.

결혼을 하게 되면서 10여 년을 살던 서울을 떠나 낯선 충청도까지 전근한 이후의 사연들이다. 긴장의 연속으로 한 해를 보내는 동안 마음의 피로가 누적되어 근 열흘 가까이 신발도 신어 보지 않았던 겨울 방학의 어느 날로 기억된다. 내내 우울해 보이던 내가 다시 서울로 가겠다고 어깃장이라도 놓을까 봐 그랬는지 남편이 지인에게 부탁을 해 둔 모양이었으나 내겐 전혀 계획에 없던 일이었다. 당시의 나는 온통 낯선 것들에 둘러싸여 내 한 몸 건사하기도 벅차다는 말이 무슨 말인지 나날이 실감하며 지내고 있었으니까.

그러니 갑작스레 또 하나의 '일거리'로 던져진 녀석이 뭐 대단히 반가울 리 없었고 3개월 된 강아지 치곤 제법 큰 덩치마저 녀석의 첫인상을 실망과 미움으로 각인하는 데 충분했다. 게다가 집에 오고 근 한 달은 녀석의 배변 훈련과 같이 사는 식구로서의 질서 가르치기에 겨울 방학이 다 지나갔으니 저절로 통박이 나오지 않을 수가 없었다.

그래도 밥을 주는 주인을 의식했는지 녀석은 내 발치에서만 맴돌았다. 심할 땐 걸음을 떼어 놓을 때마다 밟지 않게 조심해야 할 정도로 껌딱지처럼 촐랑촐랑 붙어 다녔다. 잠깐 엉덩이를 붙일라 치면 잽싸게 옆자리나 무릎을 차지하고, 누우면 옆구리를 파고들

따뜻하고 축축한 혓바닥

었다. 그러다 보니 자꾸만 녀석을 쳐다보게 되면서 슬슬 녀석이 예쁜 눈과 긴 속눈썹을 가졌다는 것을 느끼기 시작했다.

"마루야."

하고 제 이름을 부르면 왼쪽 귀는 곧게, 오른쪽 귀는 90도 각도로 짝짝이로 세운다는 것도 새롭게 발견했다, 몸에 비해 발이 크다는 것, 고구마와 달걀 노른자를 무지 좋아한다는 것 등도 새롭게 알게 되었다. 아는 것이 늘수록 예뻐하는 마음이 커지고, 이 녀석을 예뻐하다 보니 그냥 지나치던 '동물농장'이라는 TV 프로그램에 채널을 멈추게도 되었다. 세상을 보는 눈도 바뀌었다. 산책하다 가끔 마주치는 길고양이들도 하나하나 다르게 보이고 지나가는 동네 강아지들도 사랑스러웠다. 강아지, 고양이뿐만 아니라 모든 살아 있는 생명체에 대해 처음으로 '대상'이 아닌 '생명'이라는 생각을 해 보게 되었다.

그렇다고 녀석에게 뭐 대단한 걸 해 주는 건 아니다. 간혹 매스컴에 가십(gossip)으로 올라오는 사람들처럼 비싼 옷이나 좋은 음식, 쓸데없는 치장을 해 주기 위해 큰 지출을 하지 않는데도 불구하고 가끔 "네 부모한테나 잘해라, 개한테 쓸 돈이 있으면 네 부모한테나 쓰라."며 충고하는 사람을 만날 때가 있다. 내 부모를 굳이 개한테 비기고 싶은 생각은 없다는 날선 대꾸가 목구멍까지 나오지만 예상 가능한 질문에는 이력이 붙는 법, 이젠 적당히 넘기기도 한

난, 너의 바람이고싶어

한창 혈기왕성한 사춘기 사내아이들, 혹은 예민하고 시샘 많은 계집아
이들과 종일 어울려 생활하다 보니 늘 맘은 날만 있는 건 아니어서 때
로는 지치고 멍투성이가 되는 날이 있기 마련이다. 그런 날에는 어떤
'말들의 성찬' 보다도 마루의 때뜻하고 축축한 혓바닥이 떠오른다. 빼져
라 흔들어 대는 꼬리가, 네 맘 다 안다는 듯 물끄러미 바라보는 눈길이
지친 몸과 마음을 달래 주는 것이다.

다. 그들은 녀석이 나에게, 특히 내가 업으로 삼고 있는 아이들과 만나는 일에 애정과 에너지를 만들어 준다는 걸 모르고 하는 얘기니까.

2.

수업에 사용하는 노트북 바탕화면이 항상 녀석의 사진이고 보니 아이들은 노트북을 교실 프로젝션 TV와 연결해 놓으면 매 시간 보면서도 한결같이,

"와우! 예뻐요."

"마루 안녕!"

"나도 강아지 키우고 싶다."

그런 환호성과 함께 수업을 시작하곤 했다. 녀석의 사진 하나를 매개로 아이들과 진짜 가까워질 수 있었다. 저희 집에서 키우는 강아지들 이야기도 들려주고, 작아져서 못 입게 된 옷들도 돌려 입히고, 안 먹는 간식들도 서로 교환한다. 어느 날엔가는 남편이 마루를 산책시키는데 지나가던 아이들이

"와! 마루다. 너무 예뻐!"

하고 안아 주고 갔다며 이제 마루는 유기견 될 일은 없겠다고 우스

난, 너의 바람이고 싶어

갯소리를 하기도 했다.

해마다 교정 한 구석에서 삼겹살을 구워 먹으며 학급 단합 대회를 하곤 하는데 그럴 때면 마루는 단골손님이다. 여학생의 경우 더러 강아지를 무서워하는 아이들이 있을 것 같아서 어깨끈을 잘 묶어서 데리고 가면 아이들이 냅다 줄을 뺏어 벌써 운동장 저만치로 달려 나간다.

"비켜! 줄은 내가 잡을 거야."

"마루야, 물 마셔."

"내가 주는 고기가 제일 맛있다. 그치?"

하면서 티격태격한다. 요즘엔 SNS에 올리겠다며 앞다투어 마루를 껴안고 사진을 찍기도 한다. 강아지를 무서워하는 소녀들에게도 순둥이 마루 녀석은 인기 만점이다. 이건 뭐 생긴 것부터가 둥글둥글하니 곰탱이 같은 데다가 같이 사는 나조차도 몇 번 목소릴 들은 일이 없을 만큼 짖을 줄 모른다. 어린 조카들이 귀랑 꼬리를 마구 잡아당겨도 하지 말라고 낼름낼름 핥거나 할 뿐 이빨 한번을 안 드러내니, 아무리 개를 무서워하는 아이들도 천천히 다가와 한번 쓰다듬어 볼 수 있는 것이다. 마루 역시 무조건 즐겁기만 한 일은 아니겠지만 같이 살아가려면 때로 서로를 위해 희생(?)도 할 줄 알아야 하는 거 아닐까. 덕분에 아이들이 구워 주는 고기 몇 점을 받아먹는 호사를 누리기도 했으니 녀석에게도 밑지는 장사는

따뜻하고 축축한 혓바닥

아니었겠지 싶다.

녀석의 도움으로 좀 더 깊이 마음을 나누게 된 아이들도 있었다. 몇 해 전 내가 담임을 맡았던 예진이^(가명)는 엄마가 돌아가시고 안 계셨다. 형제도 없이 달랑 혼자인 예진이는 아버지가 일 때문에 집에 들어오시지 못하는 날도 더러 있고 늦게 들어오시는 날도 많다고 했다. 혼자 오랜 시간을 보낼 아이의 환경이 걱정되어 가정 방문을 시도했다.

슬라브 주택 2층에 세 들어 사는 아이 집 계단을 오르는데 계단 초입에 커다란 백구 한 마리가, 계단 꼭대기에는 고양이 한 마리가 합창을 하며 손님을 맞이했다. 아이 집으로 들어가는 현관이 있는 슬라브 옥상 밖에도 강아지 두 마리가 묶여 있고 열린 현관문 안에는 또 한 마리의 고양이가 야옹거리며 알은체를 했다. 나는 익숙하게 강아지와 고양이를 쓰다듬었다. 담임 선생의 가정 방문에 잔뜩 긴장했던 아이는 내가 고양이, 강아지들과 태연스레 장난을 치니 처음엔 의아해 하다 이내 긴장을 풀고 제 속 얘길 하나하나 꺼내 놓았다. 강아지와 고양이들은 늘 텅 빈 집에 혼자 있어야 하는 아이에겐 친구이자 가족 같은 존재들이었을 것이다.

그날을 계기로 예진이와 많이 가까워졌다. 예진이 친구 서너 명과 함께 동네 분식집에도 가고 중국집에도 갔다. 저녁을 먹고 나면

난, 너의 바람이고 싶어

함께 마루를 데리고 동네 초등학교 운동장을 산책하며 많은 아픈 사연을 나누곤 했다. 그 후 졸업 이후에도 예진이는 가끔 소식을 전했고 어느 날 아버지 일로 이사를 가게 되었는데 아파트로 가게 되어 강아지와 고양이들을 데리고 가지 못한다며 혹시 내가 녀석들을 맡아 키워 줄 수 있는지 부탁을 해 왔다. 그렇지만 나 역시 아파트에 살고 있어 아이의 부탁을 들어줄 수는 없었다. 후에 물어보니 녀석들은 그 집에 새로 이사 들어오는 사람이 맡아 키워 주기로 했다고, 보고 싶으면 한 번씩 가서 보고 온다고 했다. 다행이다. 나이답지 않게 집안일이며 친구들 배려하는 것 하나하나 어른스럽게 챙기던 아이는 지금도 가끔 간식거리를 챙겨 들고 동물 친구들을 만나러 갈 것이다.

지혜(가명)도 마찬가지로 형제가 없다.

맞벌이하는 부모 밑에서 매일 늦게까지 혼자 집을 지켜야 하는, 친구들과 어울리는 것에도 어려움을 느끼는 소극적인 아이다. 유일한 친구는 집에서 키우는 두 마리의 강아지들이었다. 아직 집안일이나 위생 관리가 수월할 만큼 성숙한 건 아니어서 아이의 몸과 옷에서는 강아지 냄새가 났고 마침내 짝이 되는 아이들의 원성을 사게 되었다. 그래도 속 깊은 계집아이들이라 대놓고 이야기하기보다 담임을 통해 전달하는 방법을 택했기에 몇날 며칠 고민해야

따뜻하고 축축한 혓바닥

했다. 어떻게 하면 최대한 마음 상하지 않게 이야기를 전달할 수 있을까. 고심 끝에 애견 샴푸를 사서 선물했다.

"우리 마루도 이걸로 씻기는데 향기가 좋더라."

"선생님, 저는 두 마리라서 목욕시키기가 너무 힘들어 자주 못해요."

"그래. 힘들겠다. 한 마리도 힘든데. 두 마리를 같은 날 씻기려고 애쓰지 말고 한 마리씩 번갈아 씻겨 보는 건 어때? 그리고 산책을 하거나 강아지가 쉬를 했을 땐 발에 묻으면 냄새가 나니까 발이라도 꼭 닦아 주도록 해 봐. 샘도 마루랑 같이 사니까 가끔 집에서나 옷에서 마루 냄새가 날 때가 있거든. 우리야 같이 사니까 잘 모르지만 강아지 안 키우는 사람들은 그 냄새를 싫어할 것 같아서 이불이나 카펫도 더 자주 빨고 마루 목욕도 자주 시키거든."

그해 겨울 고등학교에 진학한 아이는 지난달에 무척 밝고 씩씩해진 모습으로 찾아왔다. 강아지들의 안부를 묻자

"너무너무 잘 있어요. 그런데 고등학교 생활이 바쁘고 친구들이랑 재미있어서 강아지들한테 조금 미안하기도 해요."

아이의 걱정에 오히려 안심이 되었다.

그러고 보니 강아지와 함께 생활하며 많이 예뻐했던 아이들 중에는 형제가 없거나 부모님이 가까이 생활하지 못하는 등의 이유로 외로움을 느끼는 아이들이 많았다. 그러니 강아지들이 벗이자

난, 너의 바람이고 싶어

반려견이 되는 것이다. 부모나 형제, 혹은 친구로부터 받고 싶은 사랑을 대신 자신이 강아지에게 베풀며 모자라는 부분을 그렇게 스스로 조금이나마 채워 가고 있었나 보다. 그렇게 생각하니 아이 없는 우리 부부가 마루와 함께 살게 되었을 때 안쓰럽게 바라보던 주위의 시선이 무리도 아니었다는 생각이 든다.

3.

동료들과의 관계에도 윤활유가 된다. 내가 수술을 위해 며칠 간 입원해야 했을 때 학년부장 선생님 댁에 맡긴 적이 있었다. 당시 학년부장 선생님은 십여 년을 함께 산 강아지가 무지개다리(반려견을 키우는 사람들은 반려견의 죽음을 '무지개다리를 건넜다'라고 표현하곤 한다.)를 건넌 지 얼마 되지 않아 상심이 크셨다가 마루와 며칠 함께하게 되어 위안이 되었단다. 명예퇴직을 하신 후에도 길가다 우연히 만나면 나보다 마루의 안부를 더 궁금해 하시곤 했다. 또 올해는 같은 학년에 진원주택에서 강아지를 키우시는 선생님들이 있어 가끔 녀석들의 에피소드가 화제에 오르곤 해 학년 교무실을 유쾌하게 만들어 주기도 한다.

얼마 전에는 한 선생님이 강아지 세 마리를 아이들에게 분양하

시기도 해서 이야깃거리가 더 풍성해지기도 했다. 분양을 위해 교무실 한구석에 자리를 마련하고 강아지 세 마리를 놓아두었더니 쉬는 시간마다 교무실은 그야말로 북새통을 이루었다.

"와! 저 강아지들 좀 봐. 진짜 쪼그맣다."

"진짜 이쁘다. 엄마한테 우리도 키우자고 해 볼까?"

"이야! 이 조그만 발바닥 좀 봐!"

이렇게 데리고 간 강아지 덕분에 외동으로 자라던 아이가 처음으로 누군가를 보살필 줄도 알면서 제법 성숙해지는 게 보였다. 한동안 아이의 SNS가 '몽실이'라는 귀여운 이름을 붙인 강아지 사진으로 도배될 것이다. 그러다가 언젠가 분주한 성장 과정 속에서 아이는 어쩌면 몽실이를 조금씩 소홀히 하기도 할 것이다.

나 역시 바쁘고 피곤한 와중에 따로 짬을 내어 마루를 산책시켜야 하거나 늦은 귀가가 예상되면 형광등을 켜 놓고 나와야 하는 일, 물이나 사료가 모자라지 않은지 챙기는 일 따위가 가끔 무척이나 귀찮게 느껴질 때가 있다. 수학여행이나 시험 출제, 아이들 상급 학교 입시 기간 등의 바쁜 날들에는 며칠씩 녀석을 제대로 한번 쓰다듬지도 못할 때가 있는 것이다. 그러다가 문득 녀석의

'다 이해한다. 그렇지만……'

하는 눈빛과 마주치기라도 하면 말할 수 없이 무안하고 또 미안하다. 늘 녀석은 같은 자리에서 나를 기다리며 오랜 무관심과 부재를

난, 너의 바람이고 싶어

나무라지도, 서운해 하지도 않고 빠져라 꽁지를 흔들어 준다. 아이의 경우도 크게 다르지 않을 것이다. 몇 번쯤 그런 미안함과 안도감 사이를 오가다 보면 아이는 어른이 되고 몽실이는 늙어 있을 것이다.

　한창 혈기왕성한 사춘기 사내아이들, 혹은 예민하고 시샘 많은 계집아이들과 종일 어울려 생활하다 보니 늘 맑은 날만 있는 건 아니어서 때로는 지치고 멍투성이가 되는 날이 있기 마련이다. 그런 날에는 어떤 '말들의 성찬'보다도 마루의 따뜻하고 축축한 혓바닥이 떠오른다. 빠져라 흔들어 대는 꼬리가, 네 맘 다 안다는 듯 물끄러미 바라보는 눈길이 지친 몸과 마음을 달래 주는 것이다. 낮 동안 몇 번이고 반복해야 하는 '이렇게 해라, 저렇게 하는 건 어떠냐.' 그런 충고와 가르침보다 가만히 마음을 어루만지는 것이 더 큰 위로가 된다는 걸 배우는 순간이다. 선생의 앞선 말과 판단으로 교실의 사춘기들을 지치게 했다는 게 부끄러워지는 순간이다. 이야기하고 가르치려 하기보다 지치고 힘들 때 묵묵히 위로와 힘이 되어 주는 것, 어쩌면 그게 진짜 내 역할인지도 모르겠다. 언제고 돌아보면 항상 같은 자리에서 반갑고 따뜻하게 맞아 주는 것, 그것이 내 아이들이 유일하게 바라는 것인지도 모르겠다.

따뜻하고 축축한 혓바닥

4.

오늘 나는 모처럼 녀석을 앞세워 무한천길을 걸어야겠다.

녀석이 나에게 바라는 건 그저 함께 시간을 보내 주는 것(이왕이면 집 밖에서)인데 바쁘다는 핑계로 며칠 동안 바깥바람을 쐬어 주지 못했다. 오늘 아침 출근길, 녀석은 현관까지 따라 나오지 않고 제 집에 엎드려 애잔한 눈빛 공격과 함께 꼬리만 서너 번 흔들었다. 코끝이 반질반질 윤이 나기도 하고 남편 몫의 아침 식사로 준비한 군고구마와 삶은 계란을 반이나 얻어먹은 걸 보니 몸이 아픈 건 아니고 나의 무심함에 마음이 좀 상했나 보다. 그렇지만 퇴근해 돌아가면 언제 그랬냐는 듯 바닥에 뒹굴어 배를 드러내 보이며 나를 반겨줄 것이다. 오늘만큼은 짧아지는 늦가을 햇살이 손바닥만큼이라도 남아 있을 때 녀석을 데리고 산책을 해야겠다.

난, 너의 바람이고 싶어

착한 기억들,
내 고향 목골

고병찬

고병찬

충남 금산군 진산면의 대둔산 자락 두메산골에서 태어났다. 할아버지가 비싸게 주고 지어 주신 이름의 도움인지 세종시의 교사가 되어 고등학교에서 아이들과 지지고 볶고 있는 중이다. 꼰대이고 마초에 가깝지만, 감수성 예민한 낭만 교사이고 싶은 국어 선생이다. 대학교 때에는 시에 빠진 문학청년이었는데, 지금은 사회 과학에 관심이 많아서 스스로도 고민이며, 부족한 인격과 도량이 더 커지길 소원하는 선생이다. 앞으로는 꽃중년이고 싶으며, 멋진 할아버지 선생이 되어서 아이들과 오랫동안 소통하며 살고 싶은 소원을 갖고 살아가려고 노력하고 있다.

문학 수업,
신동엽의 시를 읽으며

이슬비 오는 날.
종로 5가 서시오판 옆에서
낯선 소년이 나를 붙들고 동대문을 물었다.
(중략)
충청북도 보은 속리산, 아니면
전라남도 해남 땅 어촌 말씨였을까.
나는 가로수 하나를 걷다 되돌아섰다.

그러나 노동자의 홍수 속에 묻혀 그 소년은 보이지 않았다.

-신동엽, <종로 5가> 중에서

2학년 문학 수업 시간에 공부한 시이다.

우리 사회가 급격하게 변화했던 시절의 시라서, 영상도 준비하고, 성우가 낭독한 파일도 준비하고, 1960년대 서울의 사진도 잔뜩 준비했었다. 처음 신동엽 시인의 시집에서 이 시를 읽었을 때는 도시의 낯선 공간에 있는 어른과 소년이 그려졌는데, 교과서를 통해 아이들과 함께 접근하면서는 아직도 한참은 시골인 내 고향과 도시가 대비되어 떠올랐다. 그리고 작품 속 어리고 가난한 소년의 모습이 내 주위에서 누군가가 겪었을 법한 사연인 것 같아서 더 진하게 공감을 주고 싶었는데, 부족한 내 능력만 부끄러워해야 했다. 얼마나 더 노력해야 아이들과 속 깊게 마음을 나눌 수 있을까?

시에는 충청북도 보은 얘기가 나온다. 그리고 동시에 그리 멀지 않은 내 고향, 충남과 전북의 경계, 대둔산 자락 북쪽 편에 있는 금산군 진산면 부암3리 '목골'을 떠올린다. 전형적인 시골, 마치 만화 '검정 고무신'의 풍경처럼 생활했던 그리운 곳이고 지금도 다른 이들에게 자랑스럽게 얘기하는 곳이다. 대전과도 멀지 않았지만 장을 보러 가거나 중요한 물건을 사러 갈 때에는 그나마 가까운 금산 읍내에 가는 게 대부분이어서, 대전은 마치 또 다른 신세계나 화려

한 공간으로 쉽게 접근하기 어려운 곳이었다. 그래서 서울로 진학을 한 형이 있거나 직장을 찾아 올라갔다가 명절 때마다 돌아오는 누나라도 있으면 모두가 무척이나 부러워했었다.

엄청난 깡촌, 내 고향 목골! 지금은 대전의 우리 집에서 승용차로 불과 40분 정도면 갈 수 있는 곳이 되었지만, 정작 요즘은 바쁘다는 핑계로 자주 찾지 못하는 그런 곳이기도 하다. 거기에 아버지의 사업 실패 때문에 이제 시골에는 특별한 인연이라는 것이 거의 남지 않은 가정사가 더해져 있지만 말이다.

암튼 내가 살았던 마을은 면 소재지까지 한 시간 이상을 걸어서 다녀야 했던 시골이었다. 세종시에 사는 우리 아이들에게 '선생님은 기차 다니는 동네를 대처로 알던 깡촌 출신'이라고 하면 잘 믿지 않는 반응을 보인다. 그러다가도 '다음 검색'의 지도 사진을 통해 보여 주면 반신반의한다. 물론 지금 대부분 사람들은 시골의 가난하고 부족한 환경을 부끄러워하는 시대이기도 하다. 그 산골 마을, 목골(행정 구역 지명은 부암3리)에 살면서 겨울이면 토끼를 잡으러 다니고, 가을에는 학교에서 돌아오면서 밤을 주워 먹거나, 감을 따 먹으면서 집에 돌아왔던 일들 모두가 지금에 와서는 자랑하고 싶은 추억이 되었다. 한겨울의 눈과 추위, 한여름의 뙤약볕에 학교 가는 일이 힘들고 싫었지만 정작 방학이 되면 동네 강아지처럼 추위에도 더위에도 아랑곳하지 않고 이곳저곳 뛰어다니며 무척이나

착한 기억들, 내 고향 목골

좋아했었다.

토끼를 잡으러
산으로 갈꺼나

특히 겨울이면 눈발을 헤치면서 동네 형들을 따라서 토끼도 잡으러 다니고 버섯도 따러 다녔던 것을 우리 아이들에게 꼰대, 마초 선생으로서 자랑한다. 내가 앞장서서 잡았거나 토끼를 몇 마리씩 잡은 것처럼 과장해서 말이다. 사실 토끼잡이는 나름 기술이나 재주가 필요하기 때문에 조무래기에 불과했던 나와 친구들은 단순한 몰이꾼일 뿐이었다. 당시에는 어쩌다 두어 마리 잡으면 겨우 고기 몇 점 얻어먹는 것에 불과했다. 하지만 대한민국의 모든 남성들이 군대 시절을 포장해서 허풍 떠는 것처럼, 나도 한겨울 친구들과 함께 눈이 오면 폼 나게 마을의 온 산을 휘젓고 다니며 토끼를 잡았다고 과장해서 이야기한다. 그래도 그런 경험이 없이 사는 우리 아이들은 이 지점에서는 곧잘 믿어 준다. 토끼는 뒷발이 길기 때문에 눈 내린 날 발자국을 열심히 쫓아가서 내려가는 산비탈에서 몰아붙이면 데굴데굴 구르거나 갈 곳을 잡지 못한다는 부분의 이야기를 할 때면 우리 애들은 정말 놀란 토끼 눈이

난, 너의 바람이고 싶어

되어서 진지하게 듣는다. 귀여운 녀석들!

사실 아이들 앞에서 폼 잡고 그 시절 추억을 자랑하지만, 더 소중한 것은 무척이나 가까웠던 고향 친구들과 눈밭을 하루 종일 뛰어다니며 즐거웠던 그 시절 자체이다. 아끼는 가까운 사람들과 만나 무언가 함께한다는 것은 언제나 재미있고 즐거운 일이기에 말이다. 아이들에게는 토끼를 잡으러 다닌 것을 주로 자랑했지만, 내게는 추운 겨울에 변변한 놀잇감이 없어도 친구들과 함께 어울리고 돌아다닌 것만으로도 충분히 기쁘고 좋았다. 수원으로 서울로 일산으로 흩어져 살아서, 명절이나 되어야 겨우 보는 얼굴들이 되어 버린 소중한 친구들……. 정말로 작지만 아름다운 추억들이 함께하고 있기에 볼 때마다 반갑고 정겹다고 얘기하고 싶다. 우리 아이들에게도 나처럼 친구들과 소박해도 함께할 수 있는 추억이 많이 생기길 바란다. 아니 추억을 자주 만들어 주고 싶다.

비료 포대 눈썰매

고향에 관한 많은 추억들 중에서도 우리 아이들에게 꼭 자랑하고 싶은 추억이 또 있다. 한겨울 눈이 내렸을 때, 마을 묏등에서 타던 비료 포대 눈썰매이다. 그때는 지금처럼 장난감이나 필요한 물건들을 쉽게 살 수 있는 시절이 아니어서, 웬만한 놀이 도구들은 나무를 깎아서 직접 만들었다. 아무튼 특별한 도구 없이도 쉽게 즐길 수 있는 놀이가 바로 눈 쌓인 비탈에서 볏짚을 적당히 넣은 비료 포대를 타는 것이었다. 게다가 고향 마을 뒤편에 비스듬하게 있었던 여러 개의 봉분은 비탈과 평지가 적절히 조화를 이뤄 눈이 내리면 최고의 놀이 장소였다. 당시만 해도 두툼한 비닐로 만들어진 비료 포대는 나중에 재활용하거나 고물 장수에게 바꾸기도 하는 중요한 자원이었지만 부모님은 그 부분에서는 크게 개의치 않으셨다. 부모님들이 공부에 대한 것, 자식이 즐겁게 친구들과 놀이하는 것에 대해서 많이 이해해 주셨던 점이 지금도 무척 감사할 뿐이다. 아무튼 집 안에 있는, 표면에 흙이 묻지 않은 (흙이 묻어 있으면 눈과 만나 옷이 흙투성이가 된다.) 비료 포대를 찾아 곳곳에 지천이었던 볏짚을 적당히 넣어 쿠션을 만들고 묏등 높은 곳으로 올라가서 아래로 타고 내려오면 된다. 그리고 이미 먼저 도착해서 열심히 타고 있는 고향 친구들이 있었기 때문에 아침부터 저녁까지 묏등은 온통 요란한 놀이터가 되는 것은 두말할 나위도 없다(내 기억이 맞다면 그때는 지금보다 눈이 훨씬 자주 왔다. 깊은 산골이어서 그랬을까?).

마을 뒷산에서 아이들의 즐거운 목소리가 넘쳐 나는 장면을 상상해 보라. 추운 겨울이라도 그 모습이 얼마나 마음을 따뜻하고 기

난, 너의 바람이고싶어

고향에 관한 많은 추억들 중에서도

우리 아이들에게 꼭 사랑하고 싶은 추억이 또 있다.

한겨울 눈이 내렸을 때, 마을 묏등에서 타던 비료 포대 눈썰매이다.

그때는 지금처럼 장난감이나 필요한 물건들을

쉽게 살 수 있는 시절이 아니어서,

웬만한 놀이 도구들은 나무를 깎아서 직접 만들었다.

쁘게 하는지 말이다. 그 모습은 요즘 한겨울의 눈썰매장을 생각하면 큰 차이가 없다. 시골 아이들이 소박한 비료 포대를 가지고 모두가 즐겁게 시간을 보내는 풍경은 정말 마음 흐뭇해지는 모습이다. 결혼 후 어린 두 아들을 데리고 친한 선생님들과 눈썰매를 타러 간 적이 있었는데, 당진 시골 출신의 김종우 선생님으로부터 눈 위에서 비료 포대를 탄 추억 이야기를 듣고 같은 경험을 얘기하면서 한참 웃었던 기억이 난다. 서로 깡촌 출신이라고

"선생님도 컨추리 출신?, 나도 금산 컨추리!"

라고 맞장구치면, 아내는 대도시 사람이어서

"깡촌 출신 고 선생 출세했네."

한마디 거든다. 지금은 세상도 시대도 많이 바뀌어 다들 스키를 타지만, 시골의 우리들에게는 눈, 그 자체로도 좋았으니 그 눈 위에서 무엇을 해도 즐거운 시간이었다.

지금처럼 풍족하지는 않았던 시절이었기에(그렇다고 가난한 시절은 아니었다.) 대부분의 놀이 기구는 직접 만들어서 즐겼던 기억이 나서 제자들에게 그때 얘기를 자주 하는데, 가장 먼저 생각나는 것은 썰매를 직접 만들었던 기억이다. 물론, 일찍부터 썰매가 타고 싶었던 내게 아버지께서 직접 만들어 주셨지만, 마을 형들 대부분은 직접 만든 경우가 많았다. 산에 가서 나무를 장만해 연료로 사용하는 집들이 많았던 시절이라서 일찍 철이 난 형들은 나무를 구하러 다니

면서 직접 나무로 썰매나 얼음을 지치는 송곳을 만들었었다. 물론 얼마 지나지 않아 파는 썰매가 등장했지만, 나중에도 송곳은 만들어 사용한 경우가 많았다.

고3 담임을 맡고 수능 시험이 끝난 겨울 방학의 어느 해, 당숙 댁 제삿날에 있었던 일이다. 예전에 비료 포대 썰매를 탔던 묏등이며 나무를 베러 다닌 산의 초입까지 가 보았지만 너무 고즈넉해서 정말 옛 추억이 있었던 곳인지 어색하기까지 했다. 이제는 도시인이 된 시골 출신 중년들이 모두 이런 서글픔을 느낄까? 제자들에게 고향은 베이스캠프이고 소중한 공간이라고 항상 강조했는데 친구들과 함께했던 옛 모습을 찾기 어려운 현실이 마음 저리게 느껴진다.

롤모델
상진이 형

언젠가 썰매 송곳을 만들기 위해 산으로 톱과 낫을 들고 형들을 따라 나무하러 갔던 적이 있었다. 작고 체력도 약해 형들을 따라다니기도 벅찼다.

그런 나 때문에 형들의 마음이 급했는지,

197

착한 기억들, 내 고향 목골

"병찬아, 천천히 길 따라서 걸어와. 저쪽에 괜찮은 나무가 있는지 볼게."

그런데 먼저 갔던 형들이 금방 오지 않아 두려움 때문에,

"상진이 형! 허~어~엉!"

계속 부르자 메아리 같은 대답이 돌아왔다.

"어, 그래! 천천히 길 따라서 와!"

"어, 형!"

그러다가 형들의 대답이 들리지 않아, 바로 산속에서 요란스럽게 울었던 적도 있었다. 다른 시골 아이들의 강인함과 다르게 많이 연약하고 겁이 많던 소년 시절의 기억이다. 지금은 사춘기와 청년 시절을 지나면서 덩치도 많이 커지고 운동을 통해 힘도 기르고 했지만, 그때는 영락없이 겁 많은 꼬마였다.

그런데, 아직 시골에서 부모님이 농사를 짓고 있는 친구 홍문이에 따르면 그렇게 오르내렸던 산길이 이제는 흔적도 보이지 않는다고 한다. 예전에는 산에 나무를 하러 다니기도 하고 지름길이라고 다니던 길이었지만, 이제는 시골에 걷기도 힘든 노인 분들만 계시기에 숲이 우거지면서 옛길이 사라졌다고 한다. 아쉬움만 가득할 따름이다. 개울을 건너다가 빠져서 젖은 운동화로 하루를 보냈던 기억과 잘못해서 돌부리에 걸려 넘어져 무릎이 깨진 채 학교에 갔던 그 수많은 기억의 흔적을 찾기도 어려워졌다. 그 길에 얼마

나 많은 사연들이 담겨 있는지 산골 마을에 살았던 사람들은 잘 안다. 우리 아이들에게도 그런 추억이 전해질 수 있다면 좋겠는데 말이다.

"상진이 형, 저 돌막재를 넘어가면 석막리가 나오는 거 맞아?"

"우리 동네가 골짜기로 한참 들어와서 저쪽 너머로 가면 석막리 맞지."

옆집 육촌 형인 두 살 위의 상진이 형에게 물어본 말이다. 고향에서 잊을 수 없는 사람 가운데 한 사람이 옆집 상진이 형이다. 두 살 위의 형이면서 공부도 잘하고 학교에서의 싸움 순위도 절대로 밀리지 않았던 부럽기만 했던 존재였기 때문이다. 나중에 중학생이 되어서도 여전히 작았던 내가 씩씩하게 생활할 수 있었던 배경에는 상진이 형에게 배운 농구와 배드민턴, 배구 같은 운동이 있었다. 남자아이들은 중학생이 되면 다들 운동을 많이 하게 되는데 상진이 형네 집 마당에서 같이 했던 운동들은 내게 자신감과 적극적인 자세를 갖게 해 주었다. 우리 아이들에게도 이렇게 긍정적인 영향을 주는 좋은 마을의 형이 있다면 얼마나 좋을까?

추운 겨울 버스 타고 다니는 친구들이 너무 부러웠던 나는 우리 동네를 거쳐 더 큰 동네로 연결되는 버스를 떠올리곤 했었다.

"형! 그럼, 우리 동네와 석막리를 터널로 연결해서 버스 다니면 좋겠다."

착한 기억들, 내 고향 목골

"그런 일은 아무리 세상이 좋아져도 어려울 걸, 우리 동네에만 좋은 일이 가능할까?"

심지어 우리 마을과 이웃 마을 아이들만의 학교를 지으면 어떨지 상상 속에서 그려 봤던 적도 있다. 그만큼 우리 동네는 읍내의 학교에서 멀었다. 지금 생각하면 내가 어린 시절에 힘겹다고 느꼈던 것처럼 우리 아버지, 삼촌들도 똑같이 멀고 힘들다고 느꼈을지 궁금하다.

어쨌든 읍내에서도 한참 떨어진 우리 동네에서 학교까지 다닐 때에는 옆집 상진이 형을 따라서 많이 다녔다. 공부도 싸움도 잘하는 친척 형이 내게는 우상일 수밖에 없었고 항상 겁 많고 체구도 작고 약했던 내가 믿고 의지하고 싶은 존재였기 때문이다. 나중에 대전으로 고등학교에 진학했을 때에도 형이 생활했던 자취방을 자주 찾아가곤 했었다.

초등학교 1학년 때 눈이 많이 온 겨울 어느 날이었다.

3.5킬로미터가 넘는 초등학교까지 가는 길을 형과 형 친구들을 따라서 등교했던 기억이 난다. 그렇지만, 문제는 집으로 돌아오는 길이었다. 학년마다 끝나는 시간이 달랐고 학급마다 종례 시간의 차이가 있어 혼자 귀가하게 된 나는 눈이 가득히 쌓였던 길을 몇 번이고 넘어지고 빠져 가며 어렵게 어렵게 집에 돌아와서는 펑펑 울며 부모님께 읍내로 당장 이사 가자고 떼를 썼다. 8살짜리 꼬마

난, 너의 바람이고 싶어

아이에게 눈이 가득 쌓인 길은 무척이나 힘든 길이었기 때문이다. 물론 그렇게 돌아온 어린 아들의 모습을 지켜본 부모님 마음은 더 아프셨겠지만 말이다. 지금 생각하면 부모님께 미안하고 그 시절의 어린 내가 대견하기도 하다.

그래도 어린 아들의 그 모습이 너무 마음 아파 어머니는 아랫목 담요 밑에 데리고 앉아서,

"많이 추웠지. 우리 아들 고생했어."

하고 달래 주셨다. 그랬던 어머니가 지금은 칠순을 바라보고 계신 걸 생각하면 마음이 시큰해진다.

신나는 소풍날에는

이번에는 소풍에 대한 기억이다. 지금은 체험학습이라고 해서 아이들을 위해 특별하고 의미 있는 체험을 만들기 위해서 많은 선생님들이 열심히 준비하신다. 그렇지만, 내 어린 시절에는 먼 거리를 걸어서 소풍 장소로 갔다가 되돌아온 기억뿐이다. 그 중에서도 자주 갔던 곳은 대둔산이었다. 4킬로미터가 넘는 거리를 걸어서 다녔었는데 선생님들께서도 우리와 함께 걸어

서 다녔다. 여선생님들께서는 참 힘드셨을 텐데 내색 안 하셨던 것을 생각하면 또 한 번 선생으로서의 무거운 책임감을 느낀다. 그렇게 먼 대둔산을 봄날 햇볕을 받으며 줄을 지어서 걸어갈 때면, 시골집에서 학교까지 걸어갈 때와는 다르게 신바람이 났었다. 어머니가 새벽부터 김밥을 준비해 주셨고 손자를 사랑하셨던 할아버지께서 읍내 슈퍼마켓에서 사 오신 요구르트 한 줄, 아버지가 간단히 장만해 주신 과자들, 이런 것들을 가방에 넣고 소풍 장소에 가서 먹을 생각 때문이었을까? 왜 소풍 장소까지 먼 거리를 걷는 것은 아무렇지도 않았을까? 생각하면 신기할 뿐이다.

지금은 봄, 가을이면 사람들이 많이 찾는 대둔산이지만 당시엔 자동차가 별로 없었고 포장된 길도 없어서 대둔산으로 가는 차들이 많지 않았다. 그리고 시골에도 많은 아이들이 있었던 시절이라서 수백 명의 아이들이 울긋불긋 예쁜 옷을 입고 소풍을 가는 모습은 차를 타고 지나가면서 혹은 먼 곳에서 바라보면 참 보기 좋았을 것 같다. 중간중간 과자와 음료수를 먹으면서 걷다 보면 어느샌가 소풍 장소에 도착해 있었다. 다른 것들은 잘 기억나지 않지만 친구들과 쭉 둘러앉아 각자 싸 온 김밥을 서로 나눠 먹으며 친구네 김밥은 어떤지 맛보았던 추억 모두가 소중하다.

반별로 놀이와 장기 자랑을 한 뒤, 다시 집으로 되돌아오는 길도 좋았다. 부모님이 주신 용돈으로 읍내에 가서 어떤 놀이 도구를 사

난, 너의 바람이고 싶어

서 놀지 즐거운 고민에 빠지는 시간이었기 때문이다. 화약총, 폭죽, 콩알탄 등등 화약으로 만들어진 놀이 도구를 사기 위해서 차비마저 아끼려고 다시 오랜 시간을 걸어서 갔다. 만원 버스가 고통스러운 탓도 있었지만, 그것보다는 내 놀이 도구를 장만하는 게 우선이기 때문이었다. 그렇게 해서 읍내에 돌아가게 되면 드디어 행복한 고민의 시간이다. 나는 주로 화약총을 많이 샀다. 약한 소년의 힘에 대한 동경이 잠재의식에 있어서였을까? 왠지 폼 나는 것같아서 그랬던 것 같다. 그렇게 화약총을 장만해서 집으로 돌아갈 때면 정말 동네 친구들과의 즐거운 소풍 2부가 진행된다. 서로 장만한 장난감들을 가지고 폼을 재면서 집으로 돌아갈 때는 최고의 놀이 시간이고 희열의 시간이었다.

그리고 지금까지도 그때의 옛 벗들과 즐겁게 어울리면서 중년을 향해 가고 있다.

기형도의 '엄마 생각'에 겹치는 나의 어머니

어느 틈에 중년이 된 아들과 다 늙으신 우리 어머니, 아니 우리 엄마. 기형도의 시 '엄마 생각'을 읽을 때 느꼈던

203
착한 기억들, 내 고향 목골

그 마음 저린 경험이 나에게도 많이 있다. 시의 문장처럼 면 소재지와도 한참 떨어져 있고 읍내 장터까지는 신작로까지 걸어 나가서 버스를 기다렸다가 타고 30분 가까이 가야 했기 때문이다. 2일이나 7일에 서는 장날을 기다려 집에서 필요한 장을 보러 가시고는 버스 정류장 차부집에서 집으로 전화를 걸어 자전거를 타고 마중 나오라고 하셨던 일들이 지금도 눈에 선하다. 꼬꼬마 시절에는 그 무거운 짐을 머리에 이고 집에 힘겹게 돌아오셨던 어머니의 고생을 잘 몰랐다. 가끔씩 허리가 아프시다는 우리 어머니는 시골에 시집 오셔서 그런 고생들을 하셨기에 더 그러신 것 같아 잘 모셔야겠다는 생각을 하지만, 부족한 아들은 요즘도 그 마음을 제대로 이해 못 하고 짜증만 내고 만다. 아무튼 집에서 장날에 교환하거나 팔 곡식이나 농산물을 챙겨다가 다시 장에 가지고 가서서 다른 필요한 것들로 바꾸는 시골의 모습에 기형도의 '엄마 생각'이란 시가 겹쳐진다. 기형도 시인의 어머니는 아마도 초여름에 열무를 팔러 가셨을 것이다. 삼십 단이나 되는 열무를 이고 시장에 가셨던 시인의 어머니 모습과 곡식이나 농산물을 머리에 이고 장에 가셨던 내 어머니.

"엄마, 맛있는 것 사 올 거지?"

"이번 설에 써야 할 것들이 얼마나 많은데, 너희들 주전부리를 챙긴다니?"

난, 너의 바람이고 싶어

"그럼 사탕이라도……."

지금도 어머니와 가끔 그때 얘기를 한다.

이제는 많이 늙으신 어머니를 생각하면 마음이 저려 온다. 이제는 고향에 가도 아이들은 하나도 없고 대부분 칠순이 넘은 어르신들만 조용히 살고 계신다.

중년의 교사,
청년의 꿈나무들

그리고 지금은 그때의 옛 벗들과 여전히 어울리면서 중년을 향해서 달려가고 있다. 앞에서 얘기한 것처럼 함께 어울리기만 해도 좋았던 고향의 그 벗들과 말이다.

친구들과 그 추억을 떠올릴 수 있는 지금에 감사하면서 우리 아이들을 위해 좋은 경험을 만들겠다고 다짐한다. 성격 독특하고 취향 괴팍한 선생을 만나서 고생하는 우리 아이들, 너희들이 내게는 이제 중년의 새로운 추억이다. 그리고 노년이 되어서는 너희들을 떠올리며 새로운 선생들과 또 다른 대화들을 나누겠지? 깡촌에서 태어나 이제는 새로운 도시로 성장하는 곳에서 마음 따뜻한 너희들이 있기에 즐겁게 선생 노릇을 하며 살고 있구나.

착한 기억들, 내 고향 목골

소설가 이문구를
만나지 못한 사연

강병철

강병철

여고생을 가르치던 총각 선생이 엊그제 같은데 정년 퇴임을 코앞에 두고 있으니 세월이 빛의 속도다. 20대부터 50대까지 제자들이 있노라고 취할 때마다 자랑하고 있으며 해직 교사와 안식년의 커리어를 두루 거친 사연을 틈나는 대로 패를 빼듯 전시하는 중이다. 2001∼2004 한국작가회의 대전 충남지회장을 이른 나이에 역임했으며 2003년부터 청소년 잡지『미루』를 10여 년간 발행했다. 소설집『토메이토와 포테이토』,『초뻬이는 죽었다』등 13권의 책을 발간하고도 해마다 출간 증후군에 시달리니 천생 문학청년 체질이다. 지금은 대산 고등학교에서 근무하면서 배재 대학교에 출강 중이다.

1.

1978년 5월, 유신 말기 한탄강 대대 막사.

늦봄의 담장 안으로 다섯 개의 부대가 있었고, 나는 3중대 1소대 신입 1개월 된 작대기 하나짜리 이등병이었다. 중식 직후의 그 시각에, 소총수 강 이병이 철쭉꽃 붉은 햇살을 피하는 이유는 '빨랫줄에 널린 양말' 때문이다. 나는 지금 '분대 고참들의 잃어버린 양말'을 다시 훔쳐 오기에 골몰하는 중이었다. 잠시 후 화기중대 건조대로 낮은 포복 접근 후 열댓 켤레의 양말을 쥐도 새도 모르게 싹쓸이해서 1소대 고참들 구멍 뚫린 맨발에 덮어 줌으로써 '플러

소설가 이문구를 만나지 못한 사연

스 마이너스 제로 게임'을 만들 예정이다.

기회는 왔다. 화기중대 감시병이 오줌 누러 간 그 틈새에 재빨리 건조대에 엎드렸을 때 아주 잠깐 가슴이 뜨끔했던 것은 순전히 푸른 하늘 탓이었다. 군복과 양말과 빤쓰……, 건조대 빨래들의 물결 사이로 드러난 푸른 하늘이 하필 '자유의 술렁임'으로 느껴졌을까. 일순 주춤했다. 그러나 곧바로 현실로 돌아온 쫄따구 강 이병은 훔친 양말을 군복 윗도리 사이에 구겨 넣고 납작 엎드린 채 후닥닥 달린다. 그때까지는 '아싸 호랑나비'로 행복했으나 잠시 후 호루라기 소리에 덜미 잡히며 바싹 얼어붙었다. 그리고 순찰대에게 이름이 적혔고 곧바로 주말 군기 교육대에 끌려간다.

구르라면 구르고 뻗치라면 뻗쳐야 한다. 먼저 선착순이다. 호출된 군인 아저씨들이 축구 골대를 돌기 위해 우르르 앞을 다툰다. 강 이병이 처음부터 꼴찌를 선택한 이유는 원래 느림보 거북이 체질 탓도 있지만 선두로 뛰어 봤자 어차피 사열대 옆에서 '대가리 박아'를 시키는 얼차려 코스를 진작부터 알았기 때문이기도 하다.

'통수는 불어도 세월은 간다.'

몸을 포기한 채 두어 시간 '원산 폭격'이나 '한강 철교' '통닭 구이' '알철모에 대가리 박기'로 시간을 때우다 보면 어차피 '기합의 잔혹사'가 끝난다는 것도 예단했으므로 그렇게 몸을 방치시켰다. 그런 가학적 예감이 맞아 들면서 저물녘쯤 군기 반장 박 중사가 호

난, 너의 바람이고 싶어

루라기를 불어 쫄따구들을 집합시키더니 지휘봉을 폴랑폴랑 흔들며 "오늘 욕봤다. 앞으론 이 아자씨와 제군들이 '우향 앞으로 갓', '좌향 앞으로 갓' 하는 자리에서 만나지 말기를 바란다. 이번 주 군기 교육은 이걸로 때웠으니 돌아간다. 자, 막사를 향해 우향 앞으로 갓."

스물두 살 이등병.

병사는 본성이 센티멘털 체질이었다. 작대기 하나의 강퍅함 속에서도 이따금 '사랑의 스잔나'의 러브신과 잘 차려진 주안상을 떠올리며 "아!" 하는 감탄사를 내뿜곤 했었다. 서정인의 '강'이나 문순태의 '징소리', 한승원이나 한수산 같은 작가들을 막연하게 품으며 제대 이후 '문단의 주역으로 나설 것인가' 아니면 '재주 있는 문사들의 그늘에서 뒹굴뒹굴 책이나 읽을 것인가'도 잠깐 저울질했던 것 같다. 어쩌면 '나도 그 정도는 쓸 수 있을 것 같다'는 기대에 젖을 때면 가슴에서 뱃고동 소리가 벌렁벌렁 울리기도 했다.

그날 밤 병사들 모두가 취침 중인 내무반에서 불침번을 서며 문학도답게 보안등 아래에서 몰래 책을 편다. 보름달 여대생 후배로부터 계간지 『창작과 비평』을 세 차례쯤 받은 것 같다. 솔직히 말하면 문예창작의 열망도 있었지만 그보다는 '더디게 가는 국방부 시계'를 아주 짧게나마 고상하게 때워 주는 맛이 더 알싸했던 것 같

소설가 이문구를 만나지 못한 사연

다. 그리고 도둑질하듯 계간지를 뒤적이다가 우연히 이문구의 「우리 동네 김 씨」를 만난 것이다.

"이건 우리가 우향 앞으로 갓, 좌향 앞으로 갓, 헐 일은 아니지만유."

작품의 배경은 민방위 교육장이다. 강사와 마을 사람들이 티격태격 다투는 문장 속에 하필 온종일 몸을 혹사시키던 군바리 용어가 등장했으니 그게 팔월살구하게 상큼한 것이다. 그건 해학의 힘이었고 병사는 처음으로 '익살과 해학의 차이'를 또렷이 확인하게 된다. 똑같은 문장도 상황에 따라 '고통에서 해학으로' 탈바꿈할 수 있다는 진리도 처음 맞는 것이다. 그때부터 소총수 삥삥이 트는 새새틈틈이 그의 문장을 접하려고 노력했던 것 같다. 유년기에 수없이 접했던 밭고랑 낱말들이 그를 통하면 새롭게 여문 단어들로 각인되는 것이다.

'새마을 운동', '저수지 물대기', '민방위 교육장의 말다툼과 엉성한 화해', '수재 의연금 갹출', '대장간 풀무질과 진한 살갗 냄새', '주모와 국밥', '이발소 액자에 붙은 푸시킨의 시' 등 잊었던 풍경들이 그렇게 늘어진 테이프처럼 출렁출렁 펼쳐지는 것이다. 정신없이 웃으면 눈물이 쏟아진다는 사실도 새롭게 느꼈다. 또 있다. 작가는 느리고 여유작작한 체질인데 도대체 책에서 손을 뗄 수가 없는 것이다. 뒤집기 작전의 반전 드라마가 필수품인 줄 알았던 단편

난, 너의 바람이고 싶어

소설에 대한 고정 관념이 단칼에 깨졌다.

2.

그리고 5년 후 나는 소도시 여고생을 가르치는 초짜 국어 교사
가 되어 그를 만난다. 그를 만났던 신동엽 시비는 기실 그전 스무
살 문청 시절부터 금복주 품고 들르던 자리다.

1983년 샌뽈여고 총각 선생 시절.

여고생들은 아가위 눈빛을 반짝이다가도 때까치처럼 카르르 파
닥거리며 총각 선생에게 쫑긋쫑긋 다가오곤 했다. 그즈음 나는 신
문반 제자들과 시집 『껍데기는 가라』를 옆구리에 끼고 부여의 신
동엽 시비 근방을 빙빙 돌곤 했던 바이다. 스스로를 '깨어 있는 교
사'로 규정지었으므로 '섶을 지고 불길에 뛰어드는' 각오를 두근두
근 세우던 시국이다. 그렇게 시비 앞에서 가끔 소주병도 따면서 세
상의 분노를 달래곤 했었는데.

그해 4월.

그 자리에서 열린 신동엽 추모 모임에서 처음으로 이 땅의 문사
들을 무더기로 만날 수 있는 행운이 주어진 것이다. 특히 이문구

선생님을 눈여겨보는 중인데, 마침 조재훈 선생님이 나에게 손짓하더니 직접 악수할 수 있는 기회를 준다. 아, 드디어 왔구나.

"이 친구는 소설 쓰는 청년 강병철이여."

손을 마주 잡자 미륵 같은 그의 몸에서 활짝 핀 목련꽃 향기가 풍겨 왔다. '앞으로 저 의연한 그늘 아래서 잠들고 싶다'며 밤마다 손바닥 발바닥으로 거울을 닦겠노라 결심하던 참이다. 그러나 그는,

"요새 소설 쓰는 친구들 많데."

퉁방스럽게 대꾸했을 뿐이다. 공든 탑으로 쌓았던 모래탑이 와르르 무너지는 순간이다. 버림받은 짝사랑의 수치심으로 아랫도리를 가리고 싶었으나, 재빨리 아직은 때가 아니라며 마음을 다독이기도 했다. 나 역시 그의 무심한 표정만큼 흘려 듣는 몸짓으로 어깨를 돌려 금강 물살에 눈길만 쏟아 부었다.

시인이 전사이던 시국이 있었다.

제5공화국 신군부 정권이 '학원안정법'이라는 으스스한 카드를 저울질할 즈음이다. 벗들은 게오르규의 '잠수함 속 토끼'처럼 장렬하게 산화하자고 머리끈 동여맨 채 술통에 빠졌던가(그 젊음이 영원할 줄 알았었다.) 책을 읽었고 녹음기 들고 채록에 빠졌고 농민 공동 창작시를 만들었고 불법 유인물 문장을 지지고 볶았다.

그 와중에 1985년 '민중교육지 사건'이 터졌고.

열일곱 명의 교사들이 한꺼번에 목이 잘렸으니 엄청난 필화 사건이었다. 그 대낮의 홍두깨 같은 드라마틱한 일상 속에서 어럽쇼, 나는 불안한 영웅이 되었다. 그건 그렇고.

그 교육 무크지 필화 사건 주범들이 실천문학사에서 성명서를 발표할 때 아, 짝사랑 이문구 선생님이 바로 내 옆자리에 앉아 있는 것이다. 그가 출판사 주간이었고 소설가 송기원 선배가 편집장이었단다. 해직의 와중에도 그 대가께서 내 옆에 앉아 있다는 게 신기했고 당혹스러웠다. 그 순간.

'저는 이번 『민중교육』에 소설 「비늘눈」을 쓰고 해직된 교사 강병철입니다.'

비장한 표정으로 인사드리고 싶은 것이다. 그러나 허사였다. 나는 팔뚝으로 전해 오는 맨살 체온만 감지한 채 한 마디 말도 걸지 못했다. 그는.

"독재 정권 퇴진하고 해직 교사 복직시켜라!"

섬뜩한 성명서를 읽더니 김진경, 윤재철, 고광헌 등 몇 사람과 악수를 했을 뿐 나에게는 눈길을 주지 않았다. 위기일발의 시국 '혼돈 속의 황홀한 허망함'을 땅속에 꽁꽁 묻어 두었다. 실천문학사 창문 너머 순대국 가마솥 쉿소리가 쟁쟁 울려 퍼졌던가. 섣불리 사랑 고백을 하지 않음을 참으로 다행으로 여겼고.

소설가 이문구를 만나지 못한 사연

나는 결벽증 환자였다. '그대들이 아무리 침 발라 가며 거짓말을 해도 나만큼은 절대로 나쁜 사람이 될 수 없다.'며 우산을 받고 몸을 세웠다. 그리고 아전급 관료들의 표정 바꾸기에 당혹해 하면서 끝까지 평행선으로 가겠노라고 마음 다지며…… 고독의 길에 익숙해졌다.

3.

마흔 살.

첫 소설집 『비늘눈』을 출간했다. 첫사랑처럼 설레었으나, 기껏 한겨레신문에 성냥갑만 하게 실렸을 뿐이어서 조직의 쓴맛을 제대로 본 셈이다. 대신 몇몇 선배가.

"충청도 사투리 좋데. 이문구, 김성동의 대를 잇는 작가가 될 거야."

"그네들이 보령 사투리를 잡아먹으면 자네는 서산 사투리를 몽땅 가져가라이."

그런 정도의 칭찬을 받았지만 나는 정작 이문구 선생께 창작집을 보내지 않았다. 좀 더 숙성시켜 보겠노라 마음 다지며.

그 사이에 벗들은 '대선배 문호와의 야사와 기행(奇行)'을 연달아

난, 너의 바람이고 싶어

터뜨려서 술상에 올렸다. 느닷없는 방문 직후 새도록 술떡이 되었다던가, 더러는 원고지를 통째로 넘기고 호된 야단을 맞았거나 과분한 격려를 받았다며 즐거워했다. 그리고 이따금 나를 연결시켜주겠다며 등을 떠밀기도 했다. 실제로 벗들과 선생님은 그렇게 붙어 있었으나 웬일일까, 나는 끝까지 빙빙 돌았을 뿐이다. 몸은 수시로 부딪쳤으나 가슴을 열 수 없었으니…… 대신 반복적으로.

'소설 쓰는 청년이었다가 이제 중년으로 기우는 중입니다.'

오물오물 입술 올리는 연습만 족히 수십 번은 넘었던가. 어쨌든 몸은 절대로 움직여지지 않았다.

경기도 어디쯤 상갓집에서도 또 그랬다.

그가 화톳불 맞은편에서 불을 쬐고 있을 때도 내 눈길은 오로지 그의 가슴을 향해 있었다. 그러나 정작 눈길이 마주치면 재빨리 등 돌린 채 구두코만 쏘아보았다. 자정 즈음에는 여럿이 섞인 교자상에서 술잔을 건네기도 했다. 그래 봤자 그는 투명 인간에게 잔을 돌리듯 얼굴을 쳐다보지 않은 채 술을 따랐고 나도 똑같이 무심한 표정으로 돌려주었다. 그 와중에 화장실에서 거울을 보며 짝사랑 고백 연습을 하는 건 도대체 무슨 행태란 말인가.

'선생님, 사랑합니다. 비수를 들어 그대의 가슴을 겨누니 칼을 정확히 받으세요. 후후후.'

소설가 이문구를 만나지 못한 사연

당연히 그 고백도 땅바닥에 흘멍흘멍 파묻었다. 단발마의 외침으로 날을 세우면 그냥 쓰뭉하게 팔짱만 끼고 멀뚱멀뚱할 것 같아서, 그대 앞에만 서면 몸이 작아지는 것이다. 그런 세월 스무 해가 쏜살같이 흘러가는 와중에.

내가 교편을 잡던 백제의 소도시 공주에도 수시로 출두했다.

문학제나 학술제에 초청 강사로 그가 등장하면, 지역 소설가가 꼭 참석해야 한다는 주최 측의 연락 때문에 어쩔 수 없이 또 근방으로 몸을 움직여야 했다. 마찬가지였다. 식당에서도 나는 말석에서 소주잔만 홀짝거렸고 찻집 다예원에서 국어과 교수들과 한담을 나눌 때도 칸막이 저쪽에서 고독한 표정으로 담배 연기만 날렸다. 동석자들은 그의 사소한 너스레에도 박장대소하며 한갓진 시간을 누렸고 나는 그 소리를 들으며.

'더 외롭게 글을 쓰리라.'

이를 갈며 사랑의 날을 벼리곤 했다.

'선생님은 나를 절대로 모를 것이다.'

규정하면 마음이 조금은 편해지기도 하는 게 신기했다.

그러다가 신새벽 실내포차에서 고슴도치 후배 하나가.

"아니여. 강병철 그 사람은 목이 왜 아프지, 하며 묻기도 했는

난, 너의 바람이고 싶어

데…… 이문구 선생님이 형을 당연히 알지."

술떡이 된 천사표 선배도 덩달아.

"공주의 강 뭐시기는 요새 글 안 쓰나 하시던데."

그런 언질을 들으니 갑자기 뚜껑이 열려서.

"강병철이면 강병철이지. 강 뭐시기는 뭐여. 시헐."

사자후를 토하다가 슬며시 주저앉기도 했다. 아무래도 선생님
은 아주 나긋나긋한 후배나 전업 작가들을 좋아할 것 같은 것이다.
그즈음 생년월일이 늦은 후배 작가들은 천재성이나 노력의 근성
으로, 혹은 조직의 힘으로 사방에서 치고 올라왔다. 나도 영역 확
장에 고민해야 할 즈음이었으나 몇 가지 애로점이 있었으니.

전교조의 무게가 가장 컸다. 전교조는 100% 합체되는 사상은
아니었으나 가장 진정성 있는 스승들의 단체였다. 나는 교무실에
서 수시로 전교조를 강변했고 그 강령에 따르려 노력하며 불법 유
인물들을 돌렸다. 최루탄을 맞았고 징계위원회에도 몇 차례 출두
했다. 그러거나 말거나 시국은 '마주 오는 열차'처럼 다급했으므로
그 도정의 일탈이란 감히 상상할 수 없었다. 오히려 동지들에게
'투쟁의 시기에 문장에 빠져 있다.'는 질타를 받으면 옷깃을 여미
곤 했다.

그 다음은 가족이었다.

17평 아파트에 사는 제비 새끼 같은 자식들의 입에 영원히 단것

소설가 이문구를 만나지 못한 사연

과 비린 것을 넣어 주는 흥부네 아부지이고 싶었다.

"성님 사표 던지고 전업 작가로 한판 붙으쇼. 맞벌이 부부잖소."

유지남 선생이 퉁방구리 던지면.

"가늘고 오래 클 거야."

슬금슬금 피하기도 했다.

4.

이차구차 '현실과 이상과의 간극'이 세속적으로 벌어지는데, 언제였던가, 그가 '암 투병' 중이라는 소문이 들리기도 하면서, 세월이 빛의 속도로 빨려 가는 것이다.

대천에서의 마지막 대면.

후배 작가 김종광의 결혼식 때 그 예고편이 불쑥 앞을 막는 것이다. 만남의 광장 2층 첫 번째 횟집 '한내식당' 술자리에서다. 송기원 선배나 유용주 시인, 착한 선생 신경섭이나 운동권 최경실 선생 등이 합석하면서 주안상이 무르익을 타임이다. 그가 크로마뇽인 골격으로 기우뚱 쳐다보기에 나도 처음으로 반가운 척 일어서려는데, 얼씨구 거꾸로 고개가 숙여지는 것이다. 순간 머리가 어항처럼 출렁출렁 쏟아질 것 같아 창틀을 잡고 몸을 간신히 세웠다.

나는 다른 문사들처럼 소리 지르며 꺼이꺼이 통곡하진 않았다. 그저 서
울대 병원 장례식장에서 관촌 수풀 뼛가루 뿌리던 마지막 순간까지 동
행하며 그림자처럼 지켜봤을 뿐이다. 그니의 뼛가루가 오솔길로 하염
없이 뿌려지는데, 저만치 기러기 떼가 우수수 날아서 아, 심장이 터지
는 것 같았다. 나누지 못한 사랑 절대로 후회하지 않겠다며 쿵쿵쿵 가
슴 다지는데, 쟁반 같은 석양 속으로 또 철새 떼들이 끼룩끼룩 가슴 후
비는 것이다.

'당신의 몸이 기울어 가니 어쩌면 상면식은 오늘이 마지막이겠구나.'

갯바람이 몰아치는 바닷가 수평선만 코끝이 시리게 바라보았다. 그런데 눈시울이 젖는 와중에도 자꾸만 확인하고 싶은 게 있는 것이다.

'선생님이 나를 알아보긴 한 걸까.'

'그냥 몸이 욱신거려 기우뚱했는데 내가 반사적으로 몸을 낮춘 건 지나친 소심증이 아닐까.'

그런 조급증을 누르며 부서지는 파도 위로 갈매기 날갯짓만 바라보았다. 동시에 그런 포즈도 괜찮을 듯싶다며 글썽글썽 적시는데.

석 달 후, 그가 하늘나라로 조금 먼저 떠나셨다.

나는 다른 문사들처럼 소리 지르며 꺼이꺼이 통곡하진 않았다. 그저 서울대 병원 장례식장에서 관촌 수풀 뼛가루 뿌리던 마지막 순간까지 동행하며 그림자처럼 지켜봤을 뿐이다. 그니의 뼛가루가 오솔길로 하염없이 뿌려지는데, 저만치 기러기 떼가 우수수 날아서 아, 심장이 터지는 것 같았다. 나누지 못한 사랑 절대로 후회하지 않겠다며 쿵쿵쿵 가슴 다지는데, 쟁반 같은 석양 속으로 또 철새 떼들이 끼륵끼륵 가슴 후비는 것이다. 문득 기차 화통 스크린

난, 너의 바람이고 싶어

이 떠오르기도 했고.

야 이놈 문구야 내가 군산은행에서 돈을 싣고 함경선 타고 청진 함흥 지나 블라디보스톡 가는 두만강 철교에 이르렀을 때 눈이 얼마나 많이 내렸는지 넌 모를 거야. 두만강 철교 위로도 차창으로도 눈발, 눈발 출렁이는 시푸른 물결 위로 소나무 위로 하늘로 땅으로 온통 눈발, 눈발, 미친 듯이 눈이 내렸어. 정말이야. 세상은 온통 눈으로 뒤덮혔어. 보지 않은 사람은 암만 얘기해도 믿질 않겠지만 그렇게 많은 눈발을 본 사람은 아마 나뿐일 거야 정말이야.

울보 시인 박용래가 강경 욕쟁이 할머니네 목로에서 소설가 이문구의 손목을 부여잡고 하염없이 엉엉 우는 장면이 겹치는 것이다. 그랬다. 그는 실속 없는 울보 시인들의 어리광을 다독여 주는 소맷자락 넉넉한 느티나무였다. 숱한 여린 벗들이 그렇게 그의 자양분으로 달밤에 씨를 뿌렸고 땡볕에 밭을 일궜다. 나에게 그 연(緣)이 닿지 않은 건 운명이었고.

소설가 이문구를 만나지 못한 사연

5.

2011년 12월 학습연구년을 신청했다.

교직 생활 수십 년(해직 4년은 빼고) 만에 처음으로 1년을 꼬박 챙길 수 있는 알토란 찬스를 절대로 놓칠 수 없었던 것이다. 스펙 서류를 미리 올리고 면접에 들어간다. 1년의 안식을 위해 5분 정도 수모를 내려 줄 참이다. 면접관들 다섯 명도 나처럼 초로의 문턱 이쪽저쪽 동반자들인데.

"책을 열 권 넘게 내셨네요. …… 선생님께서 가장 존경하는 작가가 누구십니까?"

"이문굽니다. 당연히."

나는 '당연히'라는 단어에 힘을 주며 어금니를 깨물었다.

"친하셨겠네요. 충청도에 함께 사는 원로 소설가끼리니까요."

"…… 네."

'그런데 한 문장도 소통하지 못한 채 먼저 세상을 떠났습니다.'

실토하지는 않았다. 3분 만에 면접을 끝내고 문을 나서는데 찬바람이 가슴을 뚫고 횡 하니 지나갔다. 그 이유를 나는 잘 알고 있다.

2015년 사월의 마지막 날 대학 도서관.

오늘은 『작가마루』를 뒤적이다가 '이문구 특집'에서 오랜만에 그를 겨누어 본다.

난, 너의 바람이고 싶어

추적자의 벼랑 끝.

저 벌판은 여전히 안개 바다로 뿌옇다. 캠퍼스 철쭉꽃 더미로 잠깐 비쳤던 그니의 팔목이 순간적으로 이마를 딱 때린다. 나타났구나. 넓은 이마와 우물 같은 눈망울, 틀림없이 선생님이다.

'드디어 만났군요.'

소스라쳐 아름드리 팔을 벌렸으나, 없다. 선명하게 없다. 저수지 옆댕이 전봇대 지나 슬라브집 그니의 그늘에 안착하고 싶었으나 꿈은 그예 꿈으로 끝난 것이다. 이상하다. 그가 도깨비불로 사라지면서 '분하다.' 밤마다 손등 찍어야 하는데…… 나는 왜 이제야 푹신한 안도감에 젖는 것일까.

소설가 이문구를 만나지 못한 사연

한 발짝 뒤에서
함께 걷는 길은

강봉구

강봉구

충남 서천에서 태어나 보령에서 자랐다. 그 시절 많은 사람들이 고향을 떠나 도시로 공부하러 갔는데, 그 틈에 끼어 대전과 서울에서 고등학교와 대학을 나왔다. 대학 졸업 후 이십 대에 맺은 인연을 핑계 삼아 고향인 보령 사람으로 살기 위해 YMCA 간사로 잠깐 일했으나 생계를 이유로 무작정(?) 상경하여 지금까지 출판사에서 원고 뭉치와 책 냄새에 묻혀 살며 밥벌이를 하고 있다. 일찍 돌아가신 어머니의 한을 풀어 드리기 위해 늦은 나이에 교육대학원에 진학하여 보령의 모교에서 교생 실습까지 마쳤으나 아직 졸업을 못 했다. 2010년, 이십대에 맺은 선생님들과의 인연으로 '작은숲출판사'를 창업한 이래 아직 망하지 않고 한 달에 한두 권의 책을 꾸준히 내고 있다. 여러 인연들의 도움에 힙입어 청소년과 선생님에게 필요한 책을 만들며 세상과 소통하기 위해 애쓰고 있다.

어머니는 육 남매를 세상에 남겨 둔 채 그해 추석을 닷새 남긴 그날 먼 길을 서둘러 재촉하셨다. 마지막 작별 인사로 두 눈을 깜박이고는 굵은 눈물 한 줄기로 서러운 53년의 생에 마침표를 찍으신 것이다. 공무원이셨던 아버지는 정년을 앞두고 있었고, 내 나이 스물에 '장남'이라는 이름표가 물 먹은 솜처럼 두 어깨를 짓눌렀다.

　인문계 고등학교에서 좋은 성적을 유지했으나 어려운 집안 형편을 이유로 대학 진학을 포기한 큰누나는 대전에서 직장 생활을 하고 있었고, 큰누나와는 달리 욕심이 많았던 작은누나는 간호전문대학을 졸업한 후 어머니가 눈을 감으신 그곳에서 간호사로 일하고 있었다. 공부는 안 하고 라디오만 듣는다며 어머니로부터 타박을 받았으나 속정이 깊고 눈물 많던, 그리고 어머니를 가장 많이 빼닮은 셋째 누나는 대전에서 늦깎이 대학 신입생이 되어 학업에 매진하고 있었다. 그리고 장남으로서 늘 어머니의 사랑과 관심을 독차지했다며 다른 형제들로부터 비난(?)을 들어야 했던 나는 서울에서 '데모라면 둘째가 서러운 대학'에 갓 입학한 신입생이었으며, 유달리 욕심이 많아 언제나 형을 이기고 싶어 하던 바로 밑 남동생은 고등학교 2학년이었다. 게다가 어머니 나이 사십에 얻었다가 하마터면 세상을 보지 못할 뻔했던 막냇동생은 이제 겨우 코밑 수염조차 보송보송한 중학교 1학년이었다. 어머니는 세상이라는 허허벌판에 육 남매를 남겨 두고 그렇게 먼저 가셨다.

그날 이후로 장남이라는 이름표가 도깨비풀처럼 붙어 다녔다.

"넌 장남이니까, 이 집안을 책임져야 해."

"넌 장남이니까, 빨리 결혼해서 동생들을 거두어야 해."

"넌 장남이니까, 혼자 되신 아버지를 새장가 들여 드려야 되지 않겠니?"

"넌 장남이니까, 아버지를 모셔야 되지 않겠니?"

꼬리표는 내 인생을 평생 따라다녔지만 그것을 자연스럽게 받아들이기까지는 꽤 오랜 세월이 걸렸다. 지금 생각해 보니 장남 노릇을 제대로 한 적이 몇 번이나 될까 하는 부끄러움이 앞선다. 어

난, 너의 바람이고 싶어

쩌면 나 대신 장남 역할을 한 것은 바로 밑 동생이었는지도 모른다. 내게 늘 경쟁자였던 내 동생, 그러나 철 들고 나서부터는 늘 내 옆에서 보이지 않게 나를 응원해 주던 그 이름은 '동구'다.

귀찮을 만큼 나만
따라다니던 동생

육 남매가 모두 모이는 날은 일 년에 단 두 번 부모님 제삿날이다. 설 명절과 추석 명절 때는 삼 형제만 모인다. 이른 제사를 지내고 저녁을 먹거나 명절 때 술 한잔 하면서 옛 추억에 잠길 때면 동구는,

"내가 형보다 못하는 것은 연애뿐이야."

라며 객적은 농담으로 놀리곤 한다.

"아이고 서방님, 그건 제가 더 잘 알아요. 형의 복잡한 여자 관계는 결혼 전부터 샅샅이 알았죠."

삐질 만도 한데, 20년을 함께한 아내의 넉살 때문에 술 자리가 더 즐거워진다.

동생은 정말 연애 빼놓고 나보다 못하는 게 하나도 없었다. 덩치도 나보다 컸으니 함께 다니면 무서울 게 없었다. 공부만큼은 반에

서 항상 1, 2등을 놓치지 않았던 나였지만 체육 점수는 그다지 좋지 않았다. 반면에 동생은 나보다 공부는 약간 밀렸지만 운동만큼은 늘 반 대표, 학교 대표에 이름을 올리곤 했다. 초등학교 4학년 때는 정구 선수를 했고, 초등학교 5학년과 6학년 때는 축구 선수로 활약하며 소년체전 도내 예선 같은 시합에 출전하기도 했다.

나는 운동을 잘하는 동생이 부러웠다. 그래서일까? 몸이 약한 컴플렉스를 극복하기 위해 초등학교 시절부터 공부에 더 매달렸는지도 모르겠다. 동생은 그렇게 은근히 내 경쟁자였다. 물론 동생에게도 내가 경쟁자였는지 모르는 일이지만.

형에게 지기
싫어했던 아이

열여덟에 시집 와 딸 하나만 달랑 낳고 평생을 독수공방하신 외할머니는 우리 집에서 십 리쯤 떨어진 남포에 살고 계셨다. 효자가 많이 살았다 해서 붙여졌다는 '효방 마을(어렸을 적에는 '소뱅이'라고만 알고 있었다)'에서 혼자 살며 농사를 지으시는 외할머니를 늘 안타까워하시던 어머니는 농번기 때만 되면 늘 육 남매 중 한둘을 데리고 남포에 가서 농사일을 거들었다.

난, 너의 바람이고 싶어

초등학교 4학년 때인가. 겨울이었고 눈이 많이 내렸다. 어머니가 외할머니 댁에 가서 손작두를 가져오라는 심부름을 시키셨다. 설 명절에 먹을 떡을 썰기 위해서였다. 소에게 먹이를 주기 위해 볏짚을 썰던 작두와 비슷하게 생긴 거였는데, 방앗간에서 가래떡을 해 오면 작두로 어슷하게 썰어 소고기나 닭고기, 계란, 파를 넣으면 맛있는 떡국이 만들어지곤 했다. 겨울 방학이라서 아마도 나와 동생 둘이 남포에 갔었던 것 같다. 갈 때는 기차를 타고 갔는데, 올 때는 그만 시간 계산을 잘못해서 기차를 놓치고 말았다. 천성이 게으른 나 때문이었다. 정확하지는 않지만 두 시간에 한 대씩 있는 장항 - 서울 간 완행열차였다.

"동구야, 두 시간만 기다리면 차가 올 거야. 기다렸다가 다음 기차 타고 가자."

"안 돼! 그냥 걸어가. 지금 걸어가면 한 시간이면 갈 수 있는데, 어떻게 두 시간이나 기다려. 그리고 엄마가 기다리잖아. 그냥 걸어가."

동생과 나는 남포 역 앞에서 한바탕 실랑이를 벌였다.

대천에서 남포까지는 4킬로미터. 어른 걸음으로 걸어도 한 시간가량 걸리는 거리였다.

"그럼 형은 다음 기차 타고 와. 난 혼자 걸어갈 거야."

동생은 하얀 광목으로 둘러싼 작두를 둘러메고 남포 역을 나와

한 발짝 뒤에서 함께 걷는 길은

눈보라를 헤치며 저만치 폴폴 나아가고 있었다. 순간 초등학교 3학년 때인가, 학교에서 단체로 관람했던 영화가 겹쳐 떠올랐다. 제목은 가물가물하지만 겨울날 엄마를 찾아 나선 주인공이 눈보라 속을 헤매다가 쓰러진 것을 개가 구하는 장면이 있었다. 동생이 혹시 그렇게 될지도 모른다는 불안감에 동생 뒤를 따라 눈보라 속에서 대천 장항 간 국도를 한 시간 이상 걸었다. 중간중간 동생에게,

"다시 돌아가서 기차 타고 가자."

그렇게 설득했지만 아무 말 없이 앞만 보고 걷던 동생보다 두세 걸음 뒤쳐져 걸어가던 기억이 새삼스러웠으니 형제의 나이가 열한 살, 아홉 살 때이다.

"너, 그때 왜 그렇게 고집을 부렸니? 두 시간만 기다리면 편하게 갈 것을…… 지금 생각해도 잘 이해가 안 가."

라고 묻는 내게 동생은,

"내가 그때 그랬나?"

라며 어물쩍 넘기지만 어쩌면 집에서 기다릴 엄마 때문이었을 것이다. 가정집에 전화가 많지 않았던 시절! 사실 대천 가는 기차를 놓쳤다는 연락을 할 길이 없었다.

난, 너의 바람이고싶어

동생과 나는 남포 역 앞에서 한바탕 실랑이를 벌였다.
대천에서 남포까지는 4킬로미터, 어른 걸음으로 걸어도
한 시간가량 걸리는 거리였다.
"그럼 형은 다음 기차 타고 와. 난 혼자 걸어갈 거야."
동생은 하얀 광목으로 둘러싼 작두를 둘러메고 남포 역을 나와
눈보라를 헤치며 저만치 풀풀 나아가고 있었다.

형이라는 이름에
가리워지길 원치 않던 아이

       동생과 나는 초등학교와 중학교 동문이다. 고등학교야 연합고사를 본 후 뺑뺑이를 돌리던 시절이라서 어쩔 수 없이 다른 학교를 다녔지만, 대학까지 같은 동문이고 보면 만약 입시를 치러서 고등학교를 선택했던 시절이었다면 아마도 동생은 나의 모교에 지원했을 것이다.

  지금도 그렇지만 중학교에 진학하는 순간 지덕체가 골고루 배분되는 전인 교육은 싸그리 사라지고 입시 위주의 경쟁주의 교육만이 펼쳐진다. 따라서 중학교에 진학할 때면 운동이냐, 공부냐를 선택해야 했다. 축구에 재능을 보인 동생에게 선수 생활을 권하는 선생님도 있었지만 동생은 운동 대신 공부를 선택했다. 하지만 동생 친구들 옆에는 늘 '노는 학생'들이 포진되어 있었다. 그러니까 동생은 보통의 우등생들과는 좀 다른 궤적을 살았던 것 같다. 한때 지역에서 '깡패' 하면 누구나 이름을 떠올릴 수 있는 사람이거나 소위 '양아치'로 불리던 사람들과 어울려 지낸 것이다. 그러면서 공부도 잘했으니 어쩌면 동생은 그들의 우상이었는지 모르겠다.

  중학교 이후 동생과 나는 그렇게 늘 2년이라는 터울을 두고 비슷한 길을 걸어간 것 같다. 그것은 무엇으로도 메울 수 없는 운명

난, 너의 바람이고 싶어

같은 거였다. 지금 돌이켜 보면 최소한 대학 때까지 동생은 내가 걸어온 길을 따라 걸었는지도 모르겠다. 그때까지 동생에게는 처음 보는 사람들까지도 "너, 봉구 동생이니?"라는 질문이 따라다녔던 시절이었다.

누구보다 마음이
뜨거웠던 아들

어머니는 장남이 사범 대학에 진학하지 않은 것을 못내 아쉬워하셨다. 그 이유를 단 한 번도 들을 수는 없었지만 어머니의 뜻을 따르지 않은 아들이 서울에 있는 대학에 가서 '데모'하는 것을 달가워하지 않으신 것만은 분명한 사실이다. 어머니의 뜻을 모르는 것은 아니었으나 대학 1년 동안은 교과서에서 배웠던 것과 세상이 완전히 다르다는 것을 깨닫고 머릿속이 혼란스러웠던 시절이었다.

1985년 8월 말, 여름 방학이 끝나고 새학기를 위해 고향을 떠나는 큰아들을 배웅하고 돌아간 그 다음 날 어머니는 평소 앓던 고혈압을 이기지 못하고 쓰러져 천안 순천향병원 중환자실에 입원하셨다. 그때 남대전고등학교 2학년이었던 동생을 중환자실

한 발짝 뒤에서 함께 걷는 길은

에서 만났다. 중환자실에서 나온 작은누나의 얼굴에는 어두운 그림자가 드리워져 있었다. 순간 모두 불안함을 감추지 못하고 벌벌 떨었다.

"힘드실 것 같애. 뇌 수술을 하긴 했지만, 그게 잘 되었다고는 하는데, 합병증이 생길 우려가 많아서. 마음의 준비를…… 하라고……."

"누구여? 그렇게 말한 의사 새끼가 누구여? 왜 못 살려? 우리 엄마 왜 못 살려?"

동생은 중환자실 밖 복도에 쓰러지며 울부짖었다. 사람들이 웅성웅성 모여들었다.

"동구야 그만 해. 병원에서도 최선을 다하고 있으니까, 기다려 보자."

"안 돼. 우리 엄마 그냥 못 보내…… 나도 같이 죽을겨……."

"……."

나는 쓰러져 울부짖는 동생을 부축했다. 그리고는 더 이상 아무 말도 할 수 없었다. 병원에서 못 살린다면 어쩌란 말인가. 그때 동생이 울면서 말했다.

"누나는 간호사니께 해 줄 수 있지? 왜, 옛날에 단지해서 피 넣어주면 살아났다는 이야기도 있잖여."

"무슨 소리여. 그게 말이 돼? 현대 의학으로도 안 되는디, 그런

난, 너의 바람이고 싶어

다고 엄마가 살아나?"

"가만히 있을 수는 없잖어. 난 할터. 난 하고 말거여. 내가 우리
엄마 살릴 껴."

동생의 나이 열여덟이었다. 그날 병원 간호사였던 작은누나의
로비(?) 덕에 중환자실에 들어간 우린 동생이 손가락을 입으로 물
어뜯고, 그 새끼손가락에서 뚝뚝 흘리는 피를 어머니 입에 떨구는
장면을 생생하게 볼 수 있었다. 그 정성이 통했을까. 어머니는 며
칠 뒤 잠시 의식을 회복하시고 육 남매의 얼굴을 하나하나 만나 보
셨지만 그후 열흘을 버티지 못하셨다.

산 자여
따르라

어머니가 저 세상으로 먼저 가신 지 이 년 후, 내
가 살던 세상에는 동맹 휴학, 군사 독재 타도, 직선제 개헌, 최루탄,
가두시위⋯⋯ 이런 단어들이 신문의 사회면을 장식하지 않는 날
이 거의 없었다. 열혈 청년들은 늘 유서를 가슴에 품고 다니던 시
절이었다.

동생은 어머니가 돌아가신 후 검정고시를 치러 대학에 가겠다

며 고등학교를 자퇴하겠다고도 했지만 담임 선생님과 아버지의 설득으로 무사히 고등학교를 졸업했다. 그리고는 또 내가 다니던 대학에 입학했다. 아버지는 동생이 경찰대학에 입학하길 원하셨지만 막무가내였으니 그 또한 운명이었으리라. 형이 있는 서울로, 형이 다니는 대학에 기어이 입학하겠다는 것이었다. 물론 학력고사 점수가 더 좋았더라면 더 좋은 대학에 가는 것을 마다하지는 않았겠지만 말이다.

그러나 1987년 6월 10일.

우리 형제는 직선제 개헌을 외치는 시위 인파 속에서 함께 스크럼을 짰다. 공부는 안 하고 데모만 한다며 날 구박하던 동생도 그때만큼은 거대한 민주화의 흐름에서 비껴나 있지 못했다. 그러나 동생은 취루탄 가스에 이골이 나 있었던 나와 달리 피부에 물집이 생겨 무려 일주일씩이나 병원 신세를 져야 했다. 아마도 그것이 동생으로서는 마지막 데모였을 것이다. 그해 여름 '대우조선 이석규 열사 추모집회' 때 경찰에 연행된 후 군 입대를 선택할 수밖에 없었던 형 때문에 동생도 휴학을 하고 군에 입대했다. 현역으로 입대한 나와 달리 동생은 형이 없는 집안을 지켜야 한다며 피나는 노력으로 살을 찌워 몸무게를 늘린 다음 결국 고향에서 방위로서 국방의 의무를 마쳤다.

대학 시절 데모만 열심히 한 나 때문이었을까? 동생은 군대를

난, 너의 바람이고 싶어

제대한 후 공부에만 매진했다. 안기부에 취직하겠다며 도서관과 자취방을 오가며 공부를 열심히 했지만, 데모만 열심히 한 형 때문이었는지, 안기부에 들어가지 못한 대신 대기업에 입사했다. 그후 동생은 출판사 박봉으로는 집안을 도울 엄두를 내지 못했던 나 대신 막냇동생의 용돈뿐만 아니라 등록금까지 감당하며 형이 못 한 일들을 혼쾌히 맡아 주었다. 그러면서도 불평 한 마디 하지 않았다.

한두 발짝 뒤에서
함께 걷는 길은 아름답다

일찍 혼자 되신 아버지는 오 년 후 재혼을 하셨지만 연령 차이를 극복하지 못하고 이혼을 하셨다. 스물네 살에 시집 온 아내는 시아버지의 이혼 과정을 낱낱이 지켜봐야 했다. 그리고 혼자 되신 시아버지를 십 년 이상 모셨다. 하지만 손윗 시누이셋에 우유부단하고 힘없는 장남인 남편과의 결혼 생활이 얼마나 힘들었을까? 아내에게 따뜻한 말 한 마디 건네지 못한 것이 늘 후회스럽다. 어머니가 일찍 돌아가셔서 친정이 없다면서 늘 외로워하던 누이들의 마음을 철없는 장남이나 어린 큰며느리가 헤아리기는 쉽지 않은 일이었다. 가족 사이에는 크고 작은 불화가 끊이지 않았으니 결혼 후 아버지가 돌아가실 때까지의 그 신산한 삶은 글로 다 표현할 길이 없다.

"형이 십 년 모셨으니 이제는 내가 모실게."

가족의 불화가 결론을 알 수 없는 막장으로 치닫고 있을 무렵 동생 내외는 아버지를 자기 집으로 모셨다. 동생은 그렇게 내가 힘들고 외롭고 지칠 때 든든한 응원자가 되어 주었다. 아버지는 동생에게 자신을 십 년 동안 모실 기회를 주지 않으시고 조금 일찍 어머니 곁으로 가셨지만, 그 생각만 하면 늘 동생이 아프도록 고맙다.

이제 나이 오십을 바라보는 중년이 되었지만, 그래서 매일 조금씩 빠지는 머리에 고민이 많기도 하지만, 동생은 한두 발짝 내 뒤에서 걸으면서도 생각만큼은 나보다 한두 발짝 앞서간다.

"뭐니 뭐니 해도 형은 우리 집안의 기둥이야. 말만 해! 이 동생이 뭐든 할게. 형!"

못난 형을 믿어 주고 따라 주는 동생이 있어 오늘도 든든하다. 이제는 부모님이 모두 돌아가셔서 고아가 된 형제들이지만, 명절 때면 선물 꾸러미 사 들고 형네 집이라고 서둘러 와 주는 동생이 있어서 행복하다. 동생과 나누는 술 한잔과 그 술잔에 흐르는 사랑 그리고 추억이 있는 명절이 또 그리워지는 이유다.

난, 너의 바람이고 싶어

모든 서영이들아
고맙다, 사랑한다

최영미

최영미

언젠가는 돌아가 살고 싶은 강원도 춘천에서 태어나고 자랐다. 대학 졸업 후, 서산에서 프랑스 어 교사로 시작하여 금산, 공주에서 가슴이 뜨거운 동료들과 전교협, 전교조 결성에 참여하면서 젊음을 보냈다. 1999년에 인천으로 옮겨 와 7차 교육과정의 횡포로 프랑스 어 수업이 줄면서 이 학교, 저 학교를 보따리장수처럼 전전하다 2010년, 드디어 소래 포구 근처 미추홀 외고에 둥지를 틀고 프랑스 어를 가르치고 있다. 글로벌 인재 양성을 부르 짖는 특목고의 살벌한 경쟁과 쏟아지는 업무 폭주 속에서, 오늘도 힘에 겨워하는 아이들과 함께 기꺼이 흔들리고 있다.

5월의 손 편지

경란의 편지를 받은 것은 지난 5월 스승의 날 즈음이었다. 개인 사정으로 학교를 며칠 비우고 돌아온 나를 기다리고 있던, 한지(韓紙)에 적은 손 편지. 아, 정말 오랜 동안 잊힌 이름이었다. 그녀를 마지막으로 본 것은 내가 결혼하던 그 즈음이었던가. 영등포의 어느 백화점 근처 식당 풍경이 스크린처럼 펼쳐진다. 얼핏 따져 보아도 25년. 우리 큰아이가 지금 스물여섯 살이니까.

편지를 받아 읽으면서 나는 오래된 졸업 앨범을 찾아 펴든 기분이었다. 인사말 몇 줄을 읽자, 갑자기 과거로 순간 이동을 한 듯, 믿기지 않을 정도로, 그 교실, 그 아이들의 모습이, 뭉텅 한꺼번에 기억의 저 심연에서 솟아올라 왔다.

1984년. 첫 발령. 서산여고 2학년 7반.

전두환의 5공화국 시절. 군부 독재 정권. 국민들의 분노를 흐려 놓기 위해, 칼라 TV를 도입하고, 프로 야구단을 창단하게 하고, 학교에는 교복자율화 정책으로 사복을 입혔던 시절이었다. 그 교실, 교사 뒷동의 목조로 만들어진 마룻장 삐걱이던 그 교실. 지각생과 함께 지각한 나도 함께 복도를 걸레질하던 그 교실과, 사복을 입은 채, 환한 웃음으로 피어나던 소녀들의 모습.

그렇게 세월을 타고 다시 이어진 끈은 30년이 지나, 그예 그녀들과 나를 조우하게 했다. 찜통 더위가 쏟아지던 지난 여름 우리는 강남의 어느 아파트 지하상가의 한식집에서 얼굴을 마주했다. 산골 처녀가 맞선을 보러 나간들 그토록 설레지는 못했으리라. 그날, 모임을 위해 지하철을 타고 가는 내내, 나는 30년 세월을 지켜 온 그녀들의 모습을 머릿속에 그려 보면서, 제어할 수 없는 설렘으로 시간의 흐름조차 가늠하지 못했다. 그리하여 우리는 사제지간이라고 해도, 그야말로 같이 늙어 가는 처지의 장년의 여인네들로 순간 이동을 통해 그렇게 만났다. 그것은 오로지 끊어진 인연을 다

난, 너의 바람이고 싶어

시 잇고자, 교육청을 수 차례 두드려 물어물어 나의 근무처를 찾아낸, 경란의 끈질긴 추진력으로 가능했던 것임을 나중에 알았다.

여고 시절

프랑스 어 수업 시간, 한결같은 모범생으로, 시험 답안지를 채점할 때마다 나를 기쁘게 해 주더니 결국 불문과로 진학했던, 세상이 모조리 타락하고 지구가 멸망한다 해도, 그 때 마지막 현모양처로 남아 있으리라 믿어 의심치 않았던 현주.

미술을 하고 싶어 늘 갈증을 냈지만, 가정 형편이 여의치 않아 대학은 커녕, 졸업식도 못하고 서울로 올라와, 세무사인 언니를 도우면서 일을 배워, 지금은 어엿한 세무사 사장님이 된, 가슴 뿌듯하게 세상을 이겨내 온 승리의 명자. 교내 체육대회 때면 서브만 잘 넣어도 이기는 여고 배구 시합에서, 우리 반 배구 선수로, 단 한 번의 실수도 없이 멋진 서브를 날려서, 나를 기쁨에 광분하게 했던 그녀.

그리고 마지막으로 경란. 학창 시절, 얼굴에는 그저 선함, 인자함, 너그러움이 가득한 얼굴로 늘 잔잔한 미소를 잃지 않았던 학급 번호 4번, 자그마했던 경란. 전도사의 아내로 지내고 있다며 수줍

모든 서영이들아 고맙다, 사랑한다

은 목소리로 내게 근황을 전해 주곤 하던 그녀. 전도사로 시작한 남편이 공부하면서, 종교, 생활의 컨설턴트로 발전하며, 세상이 좁다 하고 집필에, 강의에 바빠 할 때, 남편 옆에서 가정을 든든하게 지키며, 아이를 셋이나 낳아 반듯하게 키워 낸 그녀. 그리고는 매일 아이들과 티격태격하며 "이건 뭐지?", "이건 옳지 않아.", "이건 아니지."라며 하루에도 수없이 회의하는 못난 스승을 찾아, 감동적인 손 편지를 전해 준 그녀.

이런 그녀들을 만나, 세월의 흔적을 떨치지 못하고, 허리 둘레 구석구석 살도 붙고, 주름이 생기기 시작한 이 나이에, 그야말로 '옛날이야기를 한다'는 전설과도 같은 시간을 보냈다.

세월…… 그리고 만남

처음과 나중이 장대하게 다르리라 했던가.

어느 분의 말씀이셨을까. 그네들의 본성은 엊그제 본 소녀 시절의 그 느낌 그대로였지만, 세월이 제각각 다른 길로 그네들을 이끌고 왔음을 확인한다는 것은 두려운 일이었다. 그랬다. 밝음이 있으면 어둠이 꼭 있는 것. 가정에서 여자의 삶은 자신들의 의지와 상관없이 가족에 의해 달라질 수밖에 없다는 엄연한 사실. 누구보다 행복하게 살았기를 바라는 그네들이 때로 삶의 한 굽이에서 고통스런 순간까지 머금으며 살아왔음을 확인하면서, 가슴이 먹먹하기도 했다.

그러나, 운명은 받아들이는 자는 태우고 가고, 거역하는 자는 끌고 간다고 했던가.

그네들은, 그렇게 자신들의 자리에서 최선을 다해, 생을 이끌고 왔던 것이다. 세월을 안고, 넉넉한 품의 연륜으로 조우하게 해 준 그녀들. 그리하여 나는 그 날 내가 만난, 그리고 만나지 못한 수많은 그네들의 삶과, 그들이 살아온 세월에, 나도 모르게 뭉클 치솟는 마음을 다독다독 감춰야 했다. 그네들이, 지구 어느 곳에서, 어떻게 살았는지와 상관없이, 내 삶의 동반자는, 내 기억 속에 깊숙히 잠복하여 세상을 버티고 있다는 새로운 진실을 발견한 순간이었다.

헤어지기 직전, 나는 또 그놈의 선생병이 도져서(도저히 말 안하고는 견딜 수가 없어) 기어이 한마디 덧붙였다.

"경란아, 글을 써 보는 게 어때?"

사실 그날 만난 경란의 모습에서 '작은 박완서' 같은 분위기가 빙의된 것 같은 느낌을 받았다면 과장일까. 이미 그녀의 손 편지의 글 솜씨에 놀랐던 나는 그 문장의 감동을 그대로 전할 수밖에 없었

모든 서영이들아 고맙다, 사랑한다

다. 책 쓰고 강연하는 남편, 얼굴도 못 본다는 그녀의 푸념 아닌 푸념에, 너도 한번 글을 써 보라고 보챈 것이었다.

"아, 아니에요, 선생님, 글은 무슨……."

하며 손사래를 치는 그녀에게 나는 다시,

"내 말을 귀담아 듣지 않으면 나중에 꼭 후회할 일이 생길 거야."

라는 그런 저주 아닌 저주까지 퍼부었다. 그러자 또 다른 그네들도 이구동성으로 함께 거들었고, 그 말에 그녀의 마음이 조금 움직였던 걸까. 막내 담임 선생님에게도 스승의 날을 맞아 내게 보낸 것과 같이 한지에 감사의 편지를 보냈는데, 담임 선생님께서 일부러 전화를 걸어 감사의 인사를 주셨다는 이야기를 털어 놓았다. 나는 재차

"늦어도 좋으니 언제든 꼭 시작해라."

하며 당부하길 잊지 않았다.

그날, 지하철로 돌아가도 된다고 설득해도, 부득부득 자기 차로 모셔다 드리고 싶다는 명자에게 나의 귀갓길을 맡겼다. 늦은 저녁 시간에 인천까지 나를 바래다주고 다시 서울 목동으로 되돌아 나가야 하는 품이 드는 여정이지만, 그날만큼은 그런 호사를 누려도 된다는 자만심이 들었던 걸까. 조심스러워 다 꺼내 보이지 못한, 내 마음의 안타까움을 단둘이 더 이야기하고 싶은 욕심도 있었던 것 같고.

난, 너의 바람이고 싶어

내 제자, 서영이

그러나, 누가 뭐라 해도, 내 평생의 동반자로 가장 특별한 제자는 서영이다. 서산여고에 발령을 받은 그 이듬해, 1985년 봄에 나는 그녀를 만났다. 그녀는 내가 서산여고에서 만나 평생의 벗이 된 동료 교사 이경이의 담임 반 학생이었고, 그녀의 단짝 친구 민경과 함께 내게서 프랑스 어를 배웠다.

그네 둘은 담임인 이경과 나를 끔찍히 따랐다. 하루에도 몇 번씩 교무실을 들락거리면서 안부를 묻고, 궁금증의 보따리를 풀어놓거나, 기발한 유머를 들고 와서 나를 즐겁게 하기도 했다. 어떤 때는 간식거리를 챙겨서 슬쩍 책상 위에 놓고 가기도 하고, 휴일에는 읍내의 내 자취방에 눌러앉아 살다시피했다.

나는 원래 학교에서는 어떤 이유로든 학생을 편애하거나, 특별히 개인적으로 챙기는 일을 스스로 경계하는 체질이다. 그러거나 말거나 학생 쪽에서 나를 따르는 경우는, 그대로 마음을 받아 주는 편이어서, 우리는 자연스럽게 각별한 사제 관계가 되었던 것 같다. 도대체 그네들이 나를 따른 이유는 과연 무엇이었을까. 아직까지 한 번도 궁금해 한 적이 없지만, 다음에 그네들을 만나게 되면, 무엇 때문에 그네들이 나를 따랐는지 꼭 한번 물어보고 싶다.

모든 서영이들아 고맙다, 사랑한다

그간 삶의 어떤 구비에서, 서영이의 길에서 비롯된 삶의

고단함과 빈한함이 내 목에 걸려와, 세상의 물질적 쾌락에

영혼을 잠시만, 한 번만, 팔아도 된다고, 그만하면 되었다고,

나는 그녀를 회유하려 했지만, 올곧게 가고자 결단한 그녀의 선택을

바꾸지는 못했다. 그리고 이제는 그녀의 삶이,

부족한 나의 자랑이고 자부심이 되었다.

그리고 87년 봄. 나는 서산여고를 떠났다. 그리고 서영이와 민경이도 청주의 대학으로 진학했으니 우리는 함께 갯마을 동네 서산을 떠난 셈이다.

87년 봄. 아, 그 해를 기억하는가.

당시는 전두환이 민주화를 요구하는 대학생들을 성 고문, 물 고문으로 탄압하던 극도로 공포스러운 시국이었다. 5공화국 군부 독재의 참담한 억압 통치가 판치던 때로, 이에 대한 국민적인 분노 역시 극에 달하고 있던 시대였다. 바로 그 해, 전두환은 그의 쿠데타의 동지, 노태우를, 체육관 선거에 의한 후계 대통령으로 만들기로 결정했다. 이를 저지하기 위해, 전국 곳곳에서 대통령 직선제도 쟁취를 걸고 국민 운동 본부가 결성되었고, 국민적 투쟁이 시작되었다.

당시 대전에서 금산여고로 통근하던 나는, 6·10 민주화 항쟁의 최루탄 연기 속에서 대전 자취 생활을 시작했다. 대학생이 된 서영이는 이 시대의 부름을 외면하지 않고, 충북대 학생회의 주축으로 뜨거운 열정으로 시대를 안고 살았다. 이후 내가 금산여고에서 동료 교사들과 함께 전국교사협회 금산지회를 만들고, 89년 전국 교직원 노동조합 결성으로 혹독한 탄압을 견딜 때, 그녀는 누구보다 든든한 나의 빽이 되어 주었다. 사실 그녀가 나를 위해 직접 해 줄 수 있는 것은 별로 없었지만, 그럼에도 그녀는 내 싸움의 가장 든든한 뒷배경이 되어 나를 받쳐 주었다. 그날, 내가 싸우다 지쳐 물러선다면, 잘못된 교육을 바꿀 수 없고, 참교육의 깃발로 전진할 수 없으며, 시대의 흐름을 돌릴 수 없고, 그리하여 수많은 너희들, 서영이들을 등지는 것이기에, 내 학교에서 전교조의 깃발을 끝내 사수해야 한다고 나 자신을 매번 추스르게 하던, 그렇게, 그녀는 나의 마지노선이었던 것이다.

오늘, 그녀는 청주에서 사회적 기업을 일구어, 하루에 수천 개씩 도시락을 싸고 있다. 손목이 저릴 정도라며 간간히 웃으며 유쾌한 불평을 하기도 한다. 그간 삶의 어떤 구비에서, 서영이의 길에서 비롯된 삶의 고단함과 빈한함이 내 목에 걸려 와, 세상의 물질적 쾌락에 영혼을 잠시만, 한 번만, 팔아도 된다고, 그만하면 되었다고, 나는 그녀를 회유하려 했지만, 올곧게 가고자 결단한 그녀의 선택을 바꾸지는 못했다. 그리고 이제는 그녀의 삶이, 부족한 나의 자랑이고 자부심이 되었다.

그런 그녀가 두어 달 전 전화를 해 왔다.
"선생님, 은수(딸아이)가 외고 프랑스 어과에 입학해요⋯⋯."
사회를 의미 있게 바꾸겠다고 분주히 살면서도, 알뜰살뜰 예쁘게 아이를 키워 온 그녀의 삶에 마음으로부터 깊은 존경을 보내면서, 나는 주섬주섬 책들과 자료를 챙겨 보냈다. 마치 내 아이를 입

난, 너의 바람이고 싶어

학시키는 기분이었다고나 할까. 그러더니 서영이는 얼마 전 방학을 앞두고, 분신처럼 세월을 같이 버텨 온 친구 민경과 함께 다시 연락을 해 왔다. 우리가 만난 세월이 어느새 30년이 되었다나. 그리고 이를 기념하기 위해 이번 겨울 방학에 넷이서 함께 떠나는 여행을 준비했다고. 서산여고에서 만나 내 평생의 친구가 된 그들의 담임 교사 이경이랑 함께, 꼭 시간을 비워야 한다고 말이다.

그래, 감사하다. 사제의 인연으로 만났지만, 인생의 동반자로, 오래된 벗처럼, 건강하고 아름답게 살아 주는 모든 서영이들아, 고맙다. 사랑한다.

모든 서영이들아 고맙다, 사랑한다

촌놈이
어디 가겠는가

권혁소

권혁소

전기가 들어오지 않는 강원도 오지 마을에서 태어나 초등학교를 다녔다. 음악 대학을 다니던 1984년에 시 전문지 『시인』, 1985년 〈강원일보〉 신춘문예 당선으로 시 쓰기를 본격화했다. 그 동안 펴낸 시집으로 『論介가 살아 온다면』, 『수업시대』, 『반성문』, 『다리 위에서 개천을 내려다 보다』, 『과업』, 『아내의 수사법』 등이 있고, 『대한민국 희망수업 1교시 —그래 지금은 조금 흔들려도 괜찮아』에도 참여했다. 현재 한국작가회의 강원지회장을 맡고 있으며 인제의 한적한 산골에 풀벌레의 집을 짓고 미래의 풀벌레 노동자들과 노래를 나누는 원통 고등학교 음악 교사로 살고 있다.

1.

　강원도 평창하고도 봉평 면온이 내 유년을 놀아준 곳이다. 군사 쿠데타의 여진으로 서른다섯에 청상이 된 어머니가 진퇴양난의 생계 앞에서 선택한 여정은 친정행이었다. 외아들이었던 외삼촌은 4남 2녀를 두었고, 장녀였던 어머니는 딸 셋에 유복자 외아들을 두었다. 우리 집과 외갓집은 큰 소리로 부르면 대화가 가능한 거리에 있었는데 외갓집은 남자들의 집, 우리 집은 여자들의 집이었다. 외갓집에는 톱, 망치, 대패, 끌, 철사, 못, 송판, 장작 등이 넉넉했지만 우리 집엔 무쇠 망치가 유일한 공구였다. 썰매나 연, 팽이나 매

촌놈이 어디 가겠는가

미채를 만들어 줄 아버지나 형이 없었던 나는 언제나 스스로 만들어야 했다. 낡고 녹슨 못 하나도 함부로 버리지 못하는 것은 그때의 가난했던 습속 때문이지 싶다.

안에 지푸라기를 둥글게 비벼 넣고 새끼줄을 돌돌 말아 만든 짚공을 차며 놀았다. 탱탱한 돼지 불알을 차기도 했는데, 그것은 마을에 잔치가 있거나 명절 때나 가능한 일이었다. 노끈으로 묶은 땀찬 고무신이 공보다 멀리 날아갈 때가 많은 날들이었다.

'제무시'라 부르던 산판 트럭이 마을에 들어오는 날은 운동회보다 더 신나는 날, 고무신을 벗어 책보에 싼 다음 맨발로 트럭을 따라 달린다. 조수가 조는 틈을 노려 뒤꽁무니에 슬쩍 매달리기도 하는데, 이는 깡다구가 없는 애들이나 계집애들은 엄두도 못 내는 일이었다. 여자애들은 책보를 허리에, 남자애들은 어깨를 가로질러 맨다. 그런 날은 양철 필통 짤랑거리는 소리가 신작로를 뽀얗게 흔들곤 했다. 하루 종일 남의 밭일을 하고 돌아온 어머니는 제무시를 따라 뛴 일을 어찌 아셨는지, 그러다 큰일 난다며 야단을 했다. 기름 냄새 때문이었을까 콧구멍 가득한 흙먼지 때문이었을까.

우표 한 장에 칠 원이었는데 어쩌다 대처로 나간 누나들에게 편지를 부치고 남는 돈 3원은 내 차지였다. 용돈이라는 개념이 없을 때였다. 편지를 부칠 일이 거의 없었으니 학교 앞 구멍가게에서 '1원에 열두 개' 하는 눈깔사탕을 사는 날은 '엄석대'처럼 어깨에 힘

난, 너의 바람이고 싶어

을 주기도 했을 것이다. 강이나 도랑에서 지프차처럼 생긴 돌을 주워 돌배나무 비탈에 아슬아슬한 길을 만들고 입으로 효과음을 내며 놀았다. 누구 돌멩이가 가장 차처럼 생겼느냐에 따라 통행의 우선순위가 정해지기도 했다. 힘은 센데 엉성한 돌을 고른 아이는 박치기 시합을 하자며 잘 생긴 차를 부수기도 했다.

배가 고프면 감자를 구워 먹었다. 적당한 깊이로 땅을 파고 구들 놓듯이 넓적한 돌 위에 감자를 얹고 흙으로 덮는다. 물론 아궁이도 만들고 굴뚝도 만들어야 흙속 감자가 잘 익는다. 덜 여문 감자를 캐 먹었다고 야단치는 어른은 없었다. 껌이 되라고 생보리를 씹고 또 씹었지만 보리는 보리일 뿐 껌이 되지는 않았다.

하굣길은 신작로가 아닌 논이나 밭이었다. 추수를 하고 세워 둔 짚가리를 뒤져 수확의 손길을 비껴 간 옥수수를 찾아내거나 바닥에 떨어진 낟알을 줍는 것이다. 이걸 모아 마을 점방에 가져가면 무게를 달아 광밥(옥수수 튀밥)이나 오색 사탕으로 바꿔 주곤 했다. 지금이라면 아르바이트라고 할가. 어쩌다 독 오른 뱀을 잡는 날은 횡재를 하는 날이었다.

촌놈이 어디 가겠는가

2.

　궁핍으로부터 벗어나는 방법으로 어머니는 춘천행을 감행하셨다. 등잔불과 고무신을 버린 것이다. 처음으로 전깃불을 구경했고 전학한 초등학교의 내 학급 번호는 83번이었다. 일주일은 오전에 또 일주일은 오후에 나가 수업을 받았다. 도시 애들은 까맣고 작은 내가 이상한 사투리를 쓴다고 때리기도 했다. 맞지 않기 위해 축구부에 들었다. 축구부 선발 시험은 '빤쓰' 차림의 오래달리기였다. 맨발로 산판 트럭을 따라 뛰던 뒷심으로 달렸다. 달리기가 끝나고서야 남자들의 팬티는 앞에 구멍이 나 있다는 것을 알았다. 누나들의 팬티⋯⋯. 하긴 촌에서는 그마저도 입었던 기억이 없다.

　도시의 놀잇거리는 산골과는 많이 달랐다. 딱지도 사야 했고 구슬도 사야 했다. 골목 광장에서 공을 차거나 하키 스틱을 만들어 공을 때리며 해가 질 때까지 놀았다. 누구네 유리창을 깨거나 아이가 없는 담 높은 집 안으로 공이 들어가면 비로소 그날의 놀이가 끝나는 식이었다. 시골에선 논밭이, 도시에선 골목이 나를 키웠다.

　갈 곳 없는 명절에도 방학에도 언제나 외가를 찾았다. 대학생이 되어서도 선생이 되어서도 외가를 찾았다. 그러면서 헐린 집 자리에 다시 집을 세우리라, 각오를 다지기도 했다.

난, 너의 바람이고 싶어

3.

    결혼과 함께 시작된 아파트 생활은 읽지 않은 책들이 가득 꽂혀 있는 책장 같았다. 20년 넘게, 1층에서 두 번 꼭대기 층에서 한 번을 살았다. 모두 망치질을 위해서였다. 그러면서도 어떻게 하면 '땅집'을 짓고 살 수 있을까를 늘 고민했다. 아직 어린 새끼들이 고등학교까지는 마쳐야 가능한 일이기는 했지만, 춘천 근교에 땅을 마련할 만한 돈도 없었다.

    기회는 한꺼번에 오거나 한꺼번에 사라지기도 하는 모양이다. 큰아이가 대학에 입학해 집을 떠나던 해에 작은아이도 대안고등학교를 찾아 집을 떠났다. 아이들이 떠나자 우리 부부는 갑자기 노인이 된 것 같았지만 지금이 기회라고 생각했다. 마침 그때 나를 주인으로 삼으려고 기다리고 있었던 것 같은 땅을 만났다. 스무 가구 정도가 모여 사는 산골, 거기 내 유년이 고스란히 되살아나는 것이 보였다. 제일 먼저 은행을 찾아 돈 빌리는 법을 배웠다.

    유년기를 제외한 삶의 대부분을 소비한 도시를 떠나 다시 산골로 들어간다는 것은 용기가 필요한 일이기도 했다. 춘천은 내게 어떤 곳이었던가. 중·고등학교와 대학을 다녔던 곳, 수많은 벗들과 술병을 쌓아 올렸던 곳, 소녀가 아줌마가 되는 과정을 함께 나눈 곳, 무엇보다 많은 동지들과 노동의 연대를 견고히 했던 곳

촌놈이 어디 가겠는가

아니던가.

달랑 평면도 한 장을 그려 놓고는 아내에게 말했다.

"나는 아무래도 집을 지어야겠어. 당신은 아파트에 계속 살든지 시골로 오든지, 선택해. 왔다 갔다 하며 살아도 되고……."

그림을 조금 세밀하게 그리고 집짓기를 시작했다. 집짓기는 유년을 되찾는 일이었다. 그리고 혼자 살기 시작했다. 아내는 주말에만 와서 이런저런 반찬을 만들어 주고는 아직 해가 중천일 때 돌아가곤 했다. 3년을 따로 살고 나서야 우리는 아파트를 정리하고 삶을 합쳤다.

아내도 나도 산골로의 이주를 결정하면서 제일 많이 염려했던 것은 사람이었다. 40년 가까이 춘천에서 살았는데, 오래된 사람들과 헤어져야 하는 일과 새로운 사람을 만나야 하는 일, 둘 다 쉽지 않은 일이었다. 그러나 이 모두 내가 했던 일이고 해야 할 일 아닌가.

마을 사람들 대부분은 나이 많은 어른들이어서 친구가 되기는 쉽지 않았지만, 그렇다고 막무가내로 텃세나 강짜를 부리지도 않았다. 물론 꽤 오래 산골 마을의 선생을 하고 있다는 것이 한몫 거들었음은 두말 할 나위가 없다.

아파트에서는 엄두를 낼 수 없었던 큰 개들을 친구로 맞았으며,

난, 너의 바람이고 싶어

꼬박꼬박 알을 낳아 주는 닭도 생겼고, 닭장의 쥐를 감시하는 고양이도 생겼다. 강 건너 아까시나무에서 어둠을 부르는 부엉이 울음에도 친숙하게 되었으며, 마당가에 만들어 세운 새집에 신방을 차리는 곤줄박이, 박새도 친구가 돼 주었다. "때때때때." 시끄럽긴 해도 때까치들도 친구가 되었으며, 가끔 마을을 가로지르는 고라니도 익숙한 친구가 되었다. 풍경을 흔들어 주는 바람도, 도시의 소식을 배달하는 집배원 아저씨도 산골 친구가 되어 주었다. 유년 때보다 수천 배는 부자여서 전기톱에 전기드릴에 유압도끼까지, 없는 것 빼곤 다 있는 작업실도 매우 흡족했다. 외가 뒤란에 높다랗게 쌓여있던 장작더미도 이제 더는 부럽지 않았다.

4.

집과 주변 정리가 어느 정도 끝났을 때, 외로움이 몰려왔다. 전화도 인터넷도 안 되는 마을에서 타자기 같은 컴퓨터를 아무리 두드려도 외로움은 쉬 물러서지 않았다. 그 무렵에 '윤병열, 이정희' 부부를 만났다. 이들은 내가 가르친 아이의 학부모이기도 했는데 특별한 이해관계도 없이 우리는 느닷없이 친해졌다. 외로움도 이해관계에 해당된다면 모르지만……

어쩌면 그들이 이 마을을 떠날지도 모르겠다. 여태껏 남의 공장에서 일을 해 왔던 그가 이번에 진부에 비어 있던 공장을 임대해 노동자 사장이 된 것이다. 내 태가 묻힌 곳, 아버지 어머니 산소가 있는 곳이 진부다. 인연이란 참 오묘하다. 한 마을에 산다면 더 좋겠지만 이 또한 삶의 일이니 섭섭한 마음을 꼭꼭 숨기고 있는 중이다. 거기도 촌이니, 촌놈이 어디 가겠는가.

타지에서 흘러든 우리는 서로의 외로움을 덜어 주는 표주박 같은 상대였다. 어느 대학을 나왔느냐, 몇 학번이냐 묻지 않아도 되었다. 왜 대도시 직장을 때려치우고 산골로 흘러왔느냐 묻지 않아도 되었다.

그는 오른손 엄지손가락이 조금 잘린 농기계 수리 노동자다. 가끔 그의 일터, 사장 두 명에 노동자는 한 명인 공장에도 찾아가곤 했는데, 그에겐 별도의 사무실이 없었다. 자동차에서 뜯어낸 의자, 이것저것 쓰레기까지 태우는 나무 난로가 놓인 곳이 그의 사무실인 셈이었다. 마음이 참 쓰렸다. 한여름에도 한겨울에도 그는 거기에서 일하고 거기에서 쉬었다. 어려서부터 고생이 몸에 밴 그는 크게 불평하지 않았지만 나는 많이 불편했다.

농기계 수리 노동자를 주민으로 얻게 된 마을 사람들은 시도 때도 없이 그를 불러 대는 모양이었다. 모를 심을 때, 벼를 벨 때, 지푸라기를 묶을 때…….

그와 가장 많은 시간을 보낼 때는 겨울, 땔나무를 할 때다. 대도시 인근에서 농기계만 만지며 산 그가 어찌 그렇게 나무를 잘 다루는지는 모르지만, 타고난 벌목꾼처럼 나무를 쓰러뜨렸다. 그와 친해진 것도 집 뒤란의 낙엽송을 자르다가였던가.

집은 야트막한 야산을 등지고 앉았는데 아름드리 낙엽송이 여러 그루, 혹여 바람에 집으로 넘어지지는 않을까 염려되어 나무를 잘라 달라는 부탁을 했고, 그는 집 쪽으로 살짝 기운 나무도 목표한 지점으로 정확하게 뉘였다. 가장 원시적인 노동으로 친해진 벗 윤병열.

그는 내게 엔진톱 다루는 법, 트랙터 모는 법을 가르쳐 줬다. 같은 출력의 트랙터라도 운전을 어떻게 하느냐에 따라 적재량은 엄청난 차이가 난다. 겨울에는 통으로 한 대 빌려주어 함께 겨울 야산을 쏘다닌다.

나무를 아끼는 사람이 선한 사람이라는데
한겨울 나의 주된 가사 노동은 땔나무를 하는 일이다

지금까지는 주로 책이나 자전거에 욕심을 냈는데
산골에 집을 지으면서는 공구나 장작에 욕심을 내게 된다

남자 어른이 없던 초가 집안, 얼마나 부러웠던가
처마 끝까지 쌓아 올린 외가 정지 뒤란의
흰 속살의 붉은 소나무 장작가리

현준 아범에게 엔진톱 쓰는 요령을 배우면서
배짱도 늘기 시작했는데 올 겨울

난, 너의 바람이고 싶어

족히 스무 그루는 넘겼을 것이다

나무들이 내지르는 하얗게 눈부신 비명이
폐부를 찔러오는 밤의 반성
오는 봄에 나무를 심으면
나는 다시 선한 사람이 될 수 있을까

-졸시 「벌목」 전문

5.

우리는 일주일에 한 번 정도는 꼭 밥을 나누려고 한다. 물론 술
이 빠지지 않는다. 술을 마시며 서로의 유년을 공감한다. 유년기
를 공유하니 깊어진다. 결혼이라는 관계로 맺어진 사람들이 쉽게
헤어지는 것이 혹여 상대의 유년에 대한 공감이 부족해서는 아닐
까, 그런 생각도 든다.

그의 아내 이정희는 친정엄마 같은 사람이다. 서울에서 유년을
보낸 사람 같지 않다. 장도 잘 담그고 두부도 잘 만든다. 농사라곤
지어 본 적 없는 사람이 붉은 고추를 몇 백 근씩 말려 낸다. 대체적
으로 보수적이며 친여당적인, 여자 대통령의 사진을 조상의 영정

옆에 나란히 거는 집도 있는 마을에서 그녀는 당당한 야당이다. 그래서 우리는 친구가 되었다. 지천명을 넘어 이순을 향해 나아가는 때에 사상의 동반자가 되어, 돈으로만 치장하는 마을의 속내를 격정적으로 성토하고 밤 깊도록 가무를 즐기기도 한다.

그런데 어쩌면 그들이 이 마을을 떠날지도 모르겠다. 여태껏 남의 공장에서 일을 해 왔던 그가 이번에 진부에 비어 있던 공장을 임대해 노동자 사장이 된 것이다. 내 태가 묻힌 곳, 아버지 어머니 산소가 있는 곳이 진부다. 인연이란 참 오묘하다. 한 마을에 산다면 더 좋겠지만 이 또한 삶의 일이니 섭섭한 마음을 꼭꼭 숨기고 있는 중이다. 거기도 촌이니, 촌놈이 어디 가겠는가.

난, 너의 바람이고 싶어

강병철

여고생을 가르치던 총각 선생 시절이 엊그제 같은데 정년 퇴임을 코앞에 두고 있으니 세월이 빛의 속도다. 2001-2004 한국작가회의 대전충남지회장을 이른 나이에 역임했으며 2003년부터 청소년 잡지『미루』를 10여 년간 발행했다. 소설집『토메이토와 포테이토』, 『초뻬이는 죽었다』등 13권의 책을 발간하고도 해마다 출간 증후군에 시달리니 천생 문학청년 체질이다.

강봉구

출판사에서 원고 뭉치와 책 냄새에 묻혀 살며 밥벌이를 하고 있다. 일찍 돌아가신 어머니의 한을 풀어 드리기 위해 늦은 나이에 교육대학원에 진학하여 보령의 모교에서 교생 실습까지 마쳤으나 아직 졸업을 못했다. 2010년, 작은숲출판사를 창업한 이래 아직 망하지 않고 한 달에 한두 권씩 청소년, 선생님과 함께하는 책을 꾸준히 내며, 세상과 소통하기 위해 애쓰고 있다.

강영진

남해에서 태어나 부산에서 학창 시절을 보냈으며, 울산에서 국어 교사로 생활하고 있다. 남해, 부산, 울산까지 삶의 공간에는 늘 바다가 있었다. 그래서 바다에 대한 동경과 그리움을 안고 살아간다. 한때 시와 소설을 쓰던 문학소녀였던

적도 있으나 지금은 재능 있는 이들의 아름다운 글들을 읽으며 행복해 한다.

고병찬
충남 금산군 진산면의 대둔산 자락 두메산골에서 태어났다. 할아버지가 비싸게 주고 지어 주신 이름의 도움인지 세종시의 교사가 되어 고등학교에서 아이들과 지지고 볶고 있는 중이다. 대학교 때에는 시에 빠진 문학청년이었는데, 지금은 사회 과학에 관심이 많아서 스스로도 고민이며, 부족한 인격과 도량이 더 커지길 소원하는 선생이다.

권혁소
음악 대학을 다니던 1984년에 시 전문지『시인』, 1985년〈강원일보〉신춘문예 당선으로 시 쓰기를 본격화했다. 현재 한국작가회의 강원지회장을 맡고 있으며 인제의 한적한 산골에서 풀벌레의 집을 짓고 미래의 풀벌레 노동자들과 노래를 나누는 원통고등학교 음악 교사로 살고 있다.

김수열
제주에서 나고 자랐다. 매주 월요일은 올레길을 걷고 일주일에 한 번은 오름을 가자는 계획을 모질게 세웠는데 뜻대로 되지 않는다. 시집『빙의』외 다섯

권, 산문집 『섯마바람 부는 날이면』 등을 출간했으며 해직 교사를 거쳐 30년 이상 근무했던 학교를 그만둔 지 만 1년이 되었다. 할 만큼 했으니 이젠 쉬어야겠다는 생각으로 그만뒀는데 이 또한 뜻대로 되지 않는다. 백수가 과로사 한다는 말, 절대 틀린 말 아니다.

박명순

조치원에서 태어나서 건어물 가겟집 8남매의 맏딸로 살면서 중고등학교를 다니다가 종촌(지금의 세종시)으로 이사하여 과수원집 딸이 되었다. 공주 대학교를 졸업하고 30여 년 교직 생활 중 『채만식 소설의 페미니즘』으로 박사 학위를 받아서 대학 강단에서 15년간 대학 국어와 현대 소설을 강의하기도 했다. 지금은 '어떻게 하면 웹툰처럼 재미있고 쉽게 읽히는 평론을 쓸 수 있을까' 고민에 빠져 지낸다.

박선희

교직 14년 차, 이력이 생길만도 한데 아직도 아이들과 투닥거리고 토라지는 걸 보면 앞으로도 내내 철 안 들 국어 샘으로 충남 예산에서 사과꽃 몽우리 같은 계집애들과 함께 생활하고 있다. 여전히 좌충우돌이지만 이제야 '선생'이 어떤 사람이어야 하는지 조금은 알 것 같아서 다행이다.

신현수

인천에서 교육 운동, 시민 운동, 문학 운동, 지역 운동과 관련해서 온갖 일을 맡아 했고, 지금도 그 울타리에서 벗들을 만나고 있다. 현재는 인천 부평여고 1학년 담임으로 국어를 가르치면서 사단법인 '인천사람과문화' 이사장 일도 하는 중이다. 은퇴 이후의 꿈은 여행 작가인데, 그래서 사진도 배우고, 방송대 일본학과에서 일본 공부도 하고, 체력을 기르기 위하여 아주 가끔 산에도 오르지만, 아마도 이룰 수 없을 것이다.

이수언

세상에서 가장 좋아하는 과목으로 평생 가장 하고 싶었던 직업을 하며 살고 있다. "선생님 같은 선생님 처음 봤어요."라는 말을 내심 기뻐하는 5년 차 중등 국어 교사이다. 바람이 짭짤한 서산에서 첫 근무를 시작하고, 두 학교를 지나 현재는 천안의 충남 예술고등학교에서 근무하고 있다.

정지영

인삼 텃밭 금산의 여고 시절, 그의 스승들은 말없이 공부만 하던 창백한 소녀로 기억한다. 서른 즈음부터 평범하게 살아가기가 가장 어렵다는 것을 하루하루 깨달으며 학생들 사이에서 울고 웃고 살아가지만 가끔은 교무실 복판에서 자

발적 유배자가 되어 외딴섬처럼 문장의 행간에 빠지는 독서파 교사다.

차정선

충남 청양의 작은 산골에서 태어나 자랐다. 길가의 작은 풀꽃 하나도 그냥 지나
치지 못하는 감성과 시골내기다. 그래서인지 고향에 대한 깊은 향수를 지니고
있다는 소리를 많이 듣는데, 그것들을 더듬어 글로 풀어내는 재미에 빠져 있다.
홍성에 있는 장곡초등학교 반계분교에서 전교생 9명의 아이들과 생활한 경험
을 축복이라고 여기고 있다. 지금은 광천 제일고등학교에서 국어 교사로 근무
하면서 '청양문학회'에서 글쓰기를 배우며 교사 독서모임 '간서치' 회원으로 활
동하고 있다.

최영미

언젠가는 돌아가 살고 싶은 강원도 춘천에서 태어나고 자랐다. 대학 졸업 후, 서산
에서 프랑스 어 교사로 시작하여 금산, 공주에서 가슴이 뜨거운 동료들과 전교협,
전교조 결성에 참여하면서 젊음을 보냈다. 1999년에 인천으로 옮겨 와 7차 교육
과정의 횡포로 프랑스 어 수업이 줄면서, 이 학교 저 학교를 보따리장수처럼 전
전하다 2010년, 드디어 소래 포구 근처 미추홀외고에 등지를 틀었다. '부끄럽

지 않게 완주할 수 있을까……'를 화두 삼아 프랑스 어를 가르치고 있다.

최영신
결혼과 함께 교단을 떠난 뒤 가톨릭대학교 교육대학원에서 독서교육을 전공하고 공부방에서, 작은 도서관에서 아이들과 같이 공부하고 가르치며 살았다. 그녀는 바느질을 잘 한다. 바느질하는 그녀의 모습은 수행자 같다. 답답할 때도 어려울 때도 담담히 바늘을 잡고 그렇게도 아름다운 것들을 만들어 낸다. 그리고 맘에 들어 하는 사람에게 아무렇지도 않게 건네준다.

한상준
섬마을 선생이 되고자 섬 생활을 미리 익히려 섬 학교에서 교생 실습하다. 교사로 임용되었으나 진짜 먼 섬 아닌 연륙된 섬 학교로 발령받다. 전교조 전남지부 강진지회 지회장으로 활동하다 해직된 뒤 교육위원, 교육연구사, 교감, 교장을 거쳐, 평교사로 발령받아 아이들을 가르치다. 이후, 『다시, 학교를 디자인하다』(2013년, 작은숲)라는 교육 산문집을 낸 연유의 필화로 하여 전남 순천의 어느 사립 고교에 다시 교장으로 초빙되어 어쨌거나 아이들을 만나고 있다.